安徽省重大教学改革研究项目"基于多元智能理论、多元主体联合、多维途径运作的大学生综合素质认证体系的研究与构建"研究成果

现状反思与路径探索

——高职高专院校大学生社会主义核心价值观培育与践行研究

胡吉芬　著

·南京·

图书在版编目(CIP)数据

现状反思与路径探索：高职高专院校大学生社会主义核心价值观培育与践行研究 / 胡吉芬著. — 南京：东南大学出版社，2018.1
 ISBN 978-7-5641-7644-0

Ⅰ. ①现… Ⅱ. ①胡… Ⅲ. ①高等职业教育-思想政治教育-研究-中国 Ⅳ. ①G711

中国版本图书馆 CIP 数据核字(2018)第 031995 号

现状反思与路径探索
——高职高专院校大学生社会主义核心价值观培育与践行研究

出版发行	东南大学出版社
出 版 人	江建中
社　　址	南京市四牌楼 2 号
邮　　编	210096
经　　销	全国各地新华书店
印　　刷	虎彩印艺股份有限公司
开　　本	880 mm×1230 mm　1/32
印　　张	5
字　　数	125 千字
版　　次	2018 年 1 月第 1 版
印　　次	2018 年 1 月第 1 次印刷
书　　号	ISBN 978-7-5641-7644-0
定　　价	20.00 元

(本社图书若有印装质量问题，请直接与营销部联系，电话：025-83791830)

习近平谈社会主义核心价值观

社会主义核心价值观是当代中国精神的集中体现,凝结着全体人民共同的价值追求。要以培养担当民族复兴大任的时代新人为着眼点,强化教育引导、实践养成、制度保障,发挥社会主义核心价值观对国民教育、精神文明创建、精神文化产品创作生产传播的引领作用,把社会主义核心价值观融入社会发展各方面,转化为人们的情感认同和行为习惯。坚持全民行动、干部带头,从家庭做起,从娃娃抓起。深入挖掘中华优秀传统文化蕴含的思想观念、人文精神、道德规范,结合时代要求继承创新,让中华文化展现出永久魅力和时代风采。

——2017年10月18日在中国共产党第十九次全国代表大会上的报告[①]

要坚持不懈传播马克思主义科学理论,抓好马克思主义理论教育,为学生一生成长奠定科学的思想基础。要坚持不懈培育和弘扬社会主义核心价值观,引导广大师生做社会主义核心价值观的坚定

---

① 党的十九大报告辅导读本[M].北京:人民出版社,2017年.

信仰者、积极传播者、模范践行者。

——2016年12月7日在全国高校思想政治工作会议上发表重要讲话①

我们要在全社会大力弘扬和践行社会主义核心价值观,使之像空气一样无处不在、无时不有,成为全体人民的共同价值追求,成为我们生而为中国人的独特精神支柱,成为百姓日用而不觉的行为准则。要号召全社会行动起来,通过教育引导、舆论宣传、文化熏陶、实践养成、制度保障等,使社会主义核心价值观内化为人们的精神追求、外化为人们的自觉行动。

——2014年10月15日在文艺工作座谈会上发表重要讲话②

一个民族的文明进步,一个国家的发展壮大,需要一代又一代人接力努力,需要很多力量来推动,核心价值观是其中最持久最深沉的力量。

——2014年5月30日在北京市海淀区民族小学主持召开座谈会时的讲话③

我们倡导的富强、民主、文明、和谐,自由、平等、公正、法治,爱国、敬业、诚信、友善的社会主义核心价值观,体现了古圣先贤的思想,体现了仁人志士的夙愿,体现了革命先烈的理想,也寄托着各族人民对美好生活的向往。只要是中国人,就应该自觉培育和践行社

---

① 张烁.把思想政治工作贯穿教育教学全过程开创我国高等教育事业发展新局面[N].人民日报.2016-12-9(1).
② 习近平在文艺工作座谈会上讲话(全文).人民网.http://culture.people.com.cn/n/2014/1015/c22219-25842812.html
③ 习近平谈治国理政[M].北京:外文出版社.2014年.

会主义核心价值观。

——2014年5月30日在北京市海淀区民族小学主持召开座谈会时的讲话①

古人说："大学之道，在明明德，在亲民，在止于至善。"核心价值观，其实就是一种德，既是个人的德，也是一种大德，就是国家的德、社会的德。国无德不兴，人无德不立。如果一个民族、一个国家没有共同的核心价值观，莫衷一是，行无依归，那这个民族、这个国家就无法前进。

——2014年5月4日在同北京大学师生座谈会上的讲话②

每个时代都有每个时代的精神，每个时代都有每个时代的价值观念。国有四维，礼义廉耻，"四维不张，国乃灭亡。"这是中国先人对当时核心价值观的认识。在当代中国，我们的民族、我们的国家应该坚守什么样的核心价值观？这个问题，是一个理论问题，也是一个实践问题。经过反复征求意见，综合各方面认识，我们提出要倡导富强、民主、文明、和谐，倡导自由、平等、公正、法治，倡导爱国、敬业、诚信、友善，积极培育和践行社会主义核心价值观。富强、民主、文明、和谐是国家层面的价值要求，自由、平等、公正、法治是社会层面的价值要求，爱国、敬业、诚信、友善是公民层面的价值要求。这个概括，实际上回答了我们要建设什么样的国家、建设什么样的社会、培育什么样的公民的重大问题。

——2014年5月4日在同北京大学师生座谈会上的讲话③

---

① 习近平谈治国理政[M].北京:外文出版社.2014年.
② 习近平谈治国理政[M].北京:外文出版社.2014年.
③ 习近平谈治国理政[M].北京:外文出版社.2014年.

核心价值观的养成绝非一日之功,要坚持由易到难、由近及远,努力把核心价值观的要求变成日常的行为准则,进而形成自觉奉行的信念理念。不要顺利的时候,看山是山、看水是水,一遇挫折,就怀疑动摇,看山不是山、看水不是水了。无论什么时候,我们都要坚守在中国大地上形成和发展起来的社会主义核心价值观,在时代大潮中建功立业,成就自己的宝贵人生。

——2014年5月4日在同北京大学师生座谈会上的讲话①

把培育和弘扬社会主义核心价值观作为凝魂聚气、强基固本的基础工程,继承和发扬中华优秀传统文化和传统美德,广泛开展社会主义核心价值观宣传教育,积极引导人们讲道德、尊道德、守道德,追求高尚的道德理想,不断夯实中国特色社会主义的思想道德基础。

核心价值观是文化软实力的灵魂、文化软实力建设的重点。这是决定文化性质和方向的最深层次要素。一个国家的文化软实力,从根本上说,取决于其核心价值观的生命力、凝聚力、感召力。培育和弘扬核心价值观,有效整合社会意识,是社会系统得以正常运转、社会秩序得以有效维护的重要途径,也是国家治理体系和治理能力的重要方面。历史和现实都表明,构建具有强大感召力的核心价值观,关系社会和谐稳定,关系国家长治久安。

——2014年2月24日在主持十八届中央政治局第十三次集体学习时的讲话②

---

① 习近平谈治国理政[M].北京:外文出版社.2014年.
② 习近平谈治国理政[M].北京:外文出版社.2014年.

前　言

精神，一个国家昂扬前行的支柱；

文明，一个民族生生不息的血脉。

习近平总书记强调指出，"一个国家如果硬实力不行，可能一打就垮；而没有软实力的话，则可能不打自垮。"纵观当今世界，综合国力竞争既表现为以经济科技为核心的国家硬实力的直接较量，也体现在以精神文明建设为引领的国家软实力的深度角逐。一个民族、一个国家，如果没有自己的精神支撑，就等于没有灵魂，没有生命力，没有创造力，没有感召力。只有具有精神力量的民族，才能自立自强，才能持久长久，才能永放光彩。

社会主义核心价值观是当代中国精神的集中体现，是迈进新时代、开启新征程的中国人的精神支柱，是凝聚中国力量的精神"磁源"和精神动力。中国特色社会主义的建设与发展需要有一套与其经济基础和政治制度相适应并能形成广泛社会共识的核心价值观。社会主义核心价值观的鲜明提出和广泛实践，使我们对中国特色社会主义的认识，从思想理论、实践运动、社会制度层面，进一步发展到价值理念层面[①]。党的十九大报告鲜明提出进行伟大斗争、建设伟大工程、推进伟大事业、实现伟大梦想的新时代历史使命。伟大斗争需要

---

① 黄坤明.培育和践行社会主义核心价值观[N].人民日报，2017-11-17(6).

众志成城,伟大工程需要血肉联系,伟大事业需要凝心聚力,伟大梦想需要同心共筑,应对重大挑战、抵御重大风险、克服重大阻力、解决重大矛盾,从一个胜利走向另一个新的胜利,需要激发全体人民的信心与干劲,凝聚起风雨同舟、携手共进的磅礴力量,同呼吸、共命运、心连心。深培厚植、广泛践行体现社会主义本质要求、传承中华优秀传统文化、凝结时代精神和广泛共识的社会主义核心价值观,才能坚持中国道路、弘扬中国精神、凝聚中国力量,才能凝魂聚气、强基固本、不忘初心,才能确保中国特色社会主义始终沿着正确方向胜利前进。核心价值观是一个民族赖以维系的精神纽带,是一个国家共同的道德基础。发展中国特色社会主义需要社会主义核心价值观的保驾护航,引领全国人民在新时代前进的道路上越走越坚定、越走越自信。

目录
CONTENTS

第一章 研究的基础 /1
 第一节 研究的背景 /1
 第二节 研究的现状 /16

第二章 社会主义核心价值观的内涵 /24
 第一节 社会主义核心价值体系的内涵 /24
 第二节 社会主义核心价值观的内涵 /29

第三章 高职高专院校大学生社会主义核心价值观培育与践行的现状 /41
 第一节 加强高职高专院校大学生社会主义核心价值观培育与践行的意义 /41
 第二节 高职高专院校大学生社会主义核心价值观培育与践行的挑战 /47
 第三节 高职高专院校大学生社会主义核心价值观培育与践行存在的问题 /54

第四章 高职高专院校大学生社会主义核心价值观现状调查与分析 /59

第一节 大学生价值观调查结果 /59

第二节 高职高专院校大学生价值观的基本特点与内在需求 /66

第三节 2012—2014年高职高专院校大学生价值观现状调查的启示 /69

第五章 高职高专院校大学生社会主义核心价值观培育的路径 /76

第一节 以思政教学为主阵地,实现培育的常态化 /76

第二节 以社会实践为着力点,实现培育的实践化 /82

第三节 以精细化职业生涯辅导为切入点,实现培育的生活化 /85

第四节 以校园素质教育讲坛为主平台,实现培育的多元化 /94

第五节 以创新创业为突破口,实现社会主义核心价值观培育的时代化 /99

第六节 以微途径教育引导为推手,实现培育的新颖化 /105

第七节 以大学生社会责任感培养为抓手,实现培育的方向化 /108

第八节 以榜样教育为外推力,实现培育的具象化 /112

第九节 以主题班会为助推力,实现培育的模块化 /114

第六章 高职高专大学生社会主义核心价值观培育的抓手 /117

第一节 构建社会主义核心价值观引领的大学生综合素质认证体系 /117

第二节 营造培育社会主义核心价值观的校园文化 /122

第七章 高职高专院校大学生社会主义核心价值观培育的原则及机制 /129

第一节 高职高专院校大学生社会主义核心价值观培育的原则 /129

第二节 高职高专院校大学生社会主义核心价值观培育的机制 /134

结　语 /141

后　记 /142

参考文献 /143

第一章 研究的基础

第一节 研究的背景

一、社会的现状

(一)我国进入中国特色社会主义新时代

习近平同志在十九大报告中指出,"中国特色社会主义进入了新时代,这是我国发展新的历史方位"。这是对我国发展新的历史方位的科学判断。那么中国特色社会主义新时代意味着什么呢?意味着近代以来久经磨难的中华民族迎来了从站起来、富起来到强起来的伟大飞跃,迎来了实现中华民族伟大复兴的光明前景;意味着科学社会主义在21世纪的中国焕发出强大的生机活力,在世界上高高举起了中国特色社会主义伟大旗帜;意味着中国特色社会主义道路、理论、制度、文化不断发展,拓展了发展中国家走向现代化的途径,给世界上那些既希望加快发展又希望保持自身独立性的国家和民族提供了全新选择,为解决人类问题贡献了中国智慧和中国方案。"三个意味着",从中华民族的命运、社会主义的命运和世界发展的命运三个维度,勾画出中国特色社会主义进入新时代的参照坐标。

那么中国特色社会主义新时代是一个什么样的时代呢?这个新时代,是承前启后、继往开来、在新的历史条件下继续夺取中国特色社会主义伟大胜利的时代,是决胜全面建成小康社会进而全面建设社会主义现代化强国的时代,是全国各族人民团结奋斗、不断创造美好生活、逐步实现全体人民共同富裕的时代,是全体中华儿女勠力同心、奋力实现中华民族伟大复兴中国梦的时代,是我国日益走近世界舞台中央、不断为人类作出更大贡献的时代。"五个时代"指明了新时代的中国要举什么样的旗、走什么样的路的问题;指明了新时代要完成什么样的历史任务、进行什么样的战略安排的问题;指明了新时代要通过什么样的途径、达到什么样的发展状态的问题;指明了新时代要以什么样的精神状态、实现什么样的宏伟目标的问题;指明了新时代的中国处于什么样的国际地位、要对人类社会作出什么样的贡献的问题。

"三个意味着""五个时代"指明了今天的起点,开启了明天的征程。新起点站位更高,新征程任务更重。新起点新征程呼唤"时代新人",十九大报告指出,要"培养担当民族复兴大任的时代新人",这一方向明确了我国教育的时代责任和历史使命,深刻地回答了"培养什么人、如何培养人"的根本问题。党的十九大立足我国全面建成小康社会,放眼实现中华民族伟大复兴的蓝图愿景,明确提出了到2035年基本实现社会主义现代化,到2050年建成社会主义现代化强国的战略目标。基本实现社会主义现代化和建成社会主义现代化强国,实现中华民族伟大复兴,对教育和人才的需要比以往任何时候都更加迫切,对教育的发展和人才的渴求比以往任何时候都更加强烈。走进新时代,开启新征程。教育更不例外,必须适应中国特色社会主义进入新时代的新形势、新任务、新要求,坚持正确的政治方向,坚持为巩固和发展中国特色社会主义制度服务、为改革开放和社会主义现代化建设服务。

习近平同志曾形象地指出:"一旦在办学方向上走错了,在培养人的问题上走偏了,那就会像一株歪脖子树,无论如何都长不成参天大树。"教育和人才,是一个国家的核心竞争力和文化软实力。能否培养出中国特色社会主义事业的合格建设者和可靠接班人,是检验教育成功与否的关键指标。教育要成功,方向很关键,要紧紧抓住"培养什么人、如何培养人"的根本问题。对此,十九大报告作出明确回答:"要以培养担当民族复兴大任的时代新人为着眼点,强化教育引导、实践养成、制度保障,发挥社会主义核心价值观对国民教育、精神文明创建、精神文化产品创作生产传播的引领作用,把社会主义核心价值观融入社会发展各方面,转化为人们的情感认同和行为习惯。"这一重要论断,与中国特色社会主义进入新时代、开启全面建设社会主义现代化国家新征程相适应,指明了社会主义核心价值观的教育养成和发挥作用的根本目标和实现途径,为培育和践行社会主义核心价值观提供了重要指导。

社会主义核心价值观,是以习近平同志为核心的党中央从新时代坚持和发展中国特色社会主义、实现中华民族伟大复兴的中国梦出发提出的重大战略思想,是我们党在价值理念和价值实践上的重大部署。所以,广大青年学子的成长需要社会主义核心价值观的滋养,培育具有"当代中国精神",能"担当民族复兴大任"的时代新人要以价值观"最大公约数"来引导,青年一代有理想、有本领、有担当,国家就有前途,民族就有希望。广大青年学子不仅要成为社会主义核心价值观的传承者,更应该成为社会主义核心价值观的积极践行者和创造者。

(二)新时代中国社会的主要社会矛盾发生改变

党的十九大提出,我国社会主要矛盾已经由人民日益增长的物质文化需要同落后的社会生产之间的矛盾,转化为人民日益增长的美好生活需要和不平衡不充分的发展之间的矛盾。经过改革开放近40年的努力,"我国稳定解决了十几亿人的温饱问题,总体上实现小康,不久将全面建成小康社会,人民美好生活需要日益广泛,不仅对物质文化生活提出了更高要求,而且在民主、法治、公平、正义、安全、环境等方面的要求日益增长。"①

　　随着生活水平的显著提高,人们对更加美好生活的向往更加强烈。人民的需求呈现出多样化、多层次、多方面的特点,在需要的领域和重心上已经超出原先物质文化的层次和范畴。人民对美好生活的向往已不局限于"吃饱穿暖",还需要吃好穿好,更需要精神文化的补给和滋养。我们要建成的全面小康、人民向往的美好生活,不仅是物质生活水平提高、家家仓廪实衣食足,而且是精神文化生活丰富、人人知礼节明荣辱。这些年来,精神文明建设不断前进,人民的精神需求也日益旺盛,多样化、差异化特征日益明显,但精神领域所存在的信仰迷失、道德失范、诚信缺失等问题依然严重,人民的文明素质和社会文明程度亟待提高。实现中华民族伟大复兴,不仅需要在物质生产上不断创造奇迹,还需要在精神文化上书写新的辉煌。

　　物质文明与精神文明是人类认识世界、改造世界全部成果的总括和结晶。改革开放之初,我们党创造性地提出了社会主义精神文明建设的战略任务,确定了"两手抓、两手都要硬"的战略方针。面对新形势、新任务,习近平同志指出,要以辩证的、全面的、平衡的观点正确处理物质文明和精神文明的关系,只有物质文明建设和精神文明建设都搞好,国家物质力量和精神力量都增强,全国各族人民物质生活和精神生活都改善,中国特色社会主义事业才能顺利向前推进。社会主义核心价值观明确了治国理政的价值追求、社会生活的价值导向、个人行为的价值准则,回答了"建设什么样的国家和社会、培育什么样的公民"等方向性、根本性的重大问题,是解决思想精神发展不平衡、不充分的关键,是推进精神文明建设的核心。要通过大力弘扬、培育、践行社会主义核心价值观,唱响主旋律、传播正能量、弘扬真善美、树立新风尚,高举精神旗帜、传承精神基因、强化精神纽带,

---

① 《十九大报告辅导读本》编写组.党的十九大报告辅导读本[M].北京:人民出版社,2017.

在实现"两个一百年"奋斗目标和民族复兴中国梦的征程上,谱写中华精神力量新的篇章。

(三)思想精神领域还存在问题

十八大以来,在党中央的坚强领导下,全国精神文明建设与党和国家整体形势一样向上向好,主旋律更响亮,真善美更充盈,正能量更强劲,新风尚更彰显,精神文明之花绽放神州大地,思想文化建设取得重大发展,涌现出一批又一批助人为乐、见义勇为、诚实守信、敬业奉献、孝老爱亲的道德模范,涌现出一批又一批感天动地、义薄云天、大爱无疆的感动中国年度人物、时代楷模、中国好人、最美人物、向上向善好青年等先进典型。在道德模范身上,人们看到了一种精神、一种情怀、一种品格、一种力量。拨亮一盏灯,照亮一大片,他们以自己的行动从不同角度诠释了真情大义的深刻内涵,充分展现了当代中国人的精神风貌,展示了社会主义思想道德建设的丰硕成果,激发了全社会的思想认同、情感共鸣和效仿意愿。一位位先进典型、一项项道德实践、一次次精神洗礼,为广大群众树立了价值标杆。以德润心、以文化人、绵绵用力、久久为功,引领好人好事层出不穷,营造了善行义举、崇德向善、见贤思齐、德耀中华的浓厚氛围。

虽然我国精神文明建设成果日益丰硕,但依然存在着信仰缺失、价值观念错乱、追求无所适从等突出问题。具体表现为:

一是拜金主义挥之不去。"一切向钱看"依然是部分人活着的风向标,崇尚金钱至上,金钱万能,崇尚"宁在宝马车里哭,不在自行车上笑"。为了成为物质上的富人,傍大款、攀富贵,结交"富二代""官二代","宁嫁老富翁,不嫁老同学"。为了赚钱,自私自利,钱多多干,钱少少干,没钱不干。似乎只有钱,才能证明个人的能力、存在的价值和让灵魂安家,拜金主义严重扭曲了部分人的心理和行为,使人忘却了精神力量是钱所不能比拟和衡量的,它是人类前进的终结者。

二是追求奢靡享乐。拜金主义的一个衍生产品是奢靡享乐主义。猛然间的物质极度繁荣,让人们沉浸在物质的极度挥霍之中,追求身体的极大满足。吃饕餮大餐,住高档酒店,享高档奢侈品,图享乐、讲排场、比阔气,"炫豪宅""炫豪车""炫名牌"。今天的中国,许多地方依然欠发达,但却是世界上奢侈品消费第一大国。一些人沉溺于物质上的享受和肉体上的快乐,陷入意志消沉、进取乏力的状态之中。

三是道德徘徊。广东佛山"小悦悦"事件,拷问着中华儿女的道德良知;老人摔倒扶不扶,成为让人纠结的热点话题;碎片化的终端信息让谣言党甚嚣尘上,"不转不是中国人",叛逆,否定,不尊重客观事实,片段化摘取事实真相,在兴风作浪中愚弄和欺骗着善良的国民;崇尚"一脱成名"、妖艳性感、闪婚闪离,无不让天下的父母和孩子感到担忧和迷茫,让人们不禁追问"物质丰富了,精神饱满了吗?"

四是社会浮躁。孤独,彷徨,烦躁,急迫,看不见远方,看不清眼前,情绪焦虑、性情急躁成为通病。眼高手低,耐不住寂寞,耐不了清贫,受不了艰苦,扛不了挫折,不愿从社会的最基层干起。网络游戏成为青年人休闲生活的重要组成部分,低头族、手机控比比皆是,点头之交变成点赞之交,留学之旅变成游学之旅。面对德福矛盾,人们感到茫然,这山望着那山高,走捷径获得眼前利益的人,成为人们眼红与效仿的对象。

五是理性缺乏。一些人追求"语不惊人死不休","仇富""仇官"现象愈演愈烈,依据只言片语盲目指责他人"为富不仁""为官不正"。各种思潮暗流涌动,各种反党反政府言论依然活跃。一些地方出现炸公交、炸车站、杀害儿童等以极端方式报复社会的事件。一些社会成员似乎随时充满骄气、横气、怨气,为争抢一个公交座位、争抢一个停车位大打出手已不是新闻,为自己的不文明言行强词夺理而无羞耻之感。

六是信任缺失。在价值多元、信息海量的今天,"我们信谁,该怎么信"成为问题。骗子太多,不敢信;标准太多,不敢信;专家太多,不敢信,我们变成"不相信"。正如学者党秀云在《重建社会信任:中国社会建设的心灵之旅》中所分析的:中国信任衰退或信任缺失的替代品或行为表现为冷漠与过度警戒,人人选择袖手旁观或见死不救,信任外部化——对自身生存的社会与生活环境的不信任或缺乏安全感转而把信任存放在其他的国家、组织或物品中,向海外移民,过分崇拜和购买洋奶粉、日本马桶盖等外国产品。①

习近平总书记形象地指出:"当高楼大厦在我国大地上遍地林立时,中华民族精神的大厦也应该巍然耸立。"②一个社会的文明与成熟水平,可以折射出一个民族、一个国家的文明与成熟程度。社会的文明和成熟,是建立在个体社会成员的道德修养水平和成熟程度之上。当前,中国社会的文明、和谐与进步,需要昂扬向上的公民品格,需要理性的思维和行动。一个国家要实现奋斗目标,既要不断地丰富物质财富,也要不断地丰富精神财富。一个民族要实现复兴,既需要强大的物质力量,更需要强大的精神力量。历史和实践充分证明,我们既要深刻认识经济基础对上层建筑的决定作用,也要深刻认识上层建筑对经济基础的反作用,在坚持以经济建设为中心、抓好物质文明建设的同时,要锲而不舍、一以贯之地抓好精神文明建设,只有物质文明建设和精神文明建设同发展,国家物质力量和精神力量同增强,全国各族人民物质生活和精神生活同改善,中国特色社会主义伟大事业才能顺利蓬勃发展。

任何一个社会都存在多种多样的价值观念和价值取向,要把全社会的意志和力量凝聚起来,必须有一套与经济基础和政治制度相适应并能形成广泛社会共识的核心价值观。核心价值观在一定社会的文化中是起中轴作用的,是决定文化性质和方向的最深层次要素,

---

① 《新周刊》杂志社.《新周刊》2015年度佳作·相信力[M].桂林:漓江出版社,2016.
② 参见习近平在文艺工作座谈会上讲话(全文).人民网. http://culture.people.com.cn/n/2014/1015/c22219-25842812.html.相关内容.

是一个国家的重要稳定器。习近平总书记指出:"人类社会发展的历史表明,对一个民族、一个国家来说,最持久、最深层的力量是全社会共同认可的核心价值观。"①如果没有共同的核心价值观,一个民族、一个国家就会魂无定所、行无依归。因此,发展新时代,解决新矛盾,全面建设社会主义现代化国家需要系统的、科学的社会主义核心价值观来加以引导和匡正,来指引和规范每一个社会成员,使之能够正确处理好个人与他人、个人与社会、个人与国家的关系。

二、高职高专学子的现状

现今,全国建有职业院校1.23万所,开设专业近千个,近10万个专业点年招生930.78万人,在校生2 680.21万人②,中职、高职教育分别占中国高中阶段教育和高等教育的"半壁江山"。深刻认识和掌握高职高专学子的现状是进行社会主义核心价值观培育与践行的起点和基础。

1. 心理特点

(1) 认知特点。一是精力充沛,但疏于管理。处于人生生长发育的第二个高峰期,大脑发育基本完成,神经系统结构已经达到成熟水平,认知能力显著提高,智能发育达到高峰,但缺乏职业和生涯规划,易处于无所事事或滥用精力的状态,自我认知模糊,对该做什么不该做什么不是很清楚。二是独立性显著增强,自我意识强化,独立人格逐步形成,注意力从外部世界的认识转向内心世界的探索,自我认识和自我评价能力有所提高,自主性和自尊心增强,自我需要增加,但缺乏对自由与纪律的理解,过分强调自由,喜好独立自主,不受约束。由于意志品质不够,自控力不足,易疏于自我管理,妨碍独立性的发展。三是渴望友谊,渴望被理解、被接纳,交

---

① 国务院新闻办公室会同中共中央文献研究室,中国外文局.习近平谈治国理政[M].北京:外文出版社,2014.
② 高靓.职教国家教学标准体系框架基本形成[N].中国教育报,2017-08-31(1).

往需求迫切,人际交往范围扩大,交往能力提高,但由于交往心理不够成熟,对人际关系期望过高,有时可能陷入交往误区而烦恼。四是性意识发展迅速,异性交往愿望强烈,但对爱情缺乏正确的理解,性角色观念和性角色行为亟待完善。五是有提升的欲望,却缺乏努力的实践,对职业教育认识模糊,不认可自己的就读现状,不满意学校的档次,一些学生有自暴自弃、破罐子破摔的情绪,对学业、就业焦虑,对自己信心不足,沉迷网络,逃避现实,沉湎于"想要什么就有什么"的虚拟世界。

(2)情绪特点。兴奋性高,稳定性低,情感丰富但不稳定,情绪的波动性较大,起伏较强。高强度的兴奋、激动、热情或是过度的伤感、气愤、绝望并存,从一个极端跳到另一个极端,情绪易受环境的影响,因外界环境的变化而或喜或悲;对情绪和情感隐私的保护意识强烈,情绪体验具有感染性,易受到他人情绪的感染,个人情绪容易成为集体情绪而产生共鸣和互动,带来影响。情绪具有冲动性,甚至会发生盲目的冲动和狂热,不计后果。①

(3)意志特点。一是自觉性有所提高,但自觉性与惰性共存。知道把自己的前途与社会的发展联系起来,懂得为自己的学业就业担心,但困惑于为长远的目标而牺牲眼前的安逸,还是放弃追求目标而及时行乐的矛盾之中。某种程度上,依然习惯于被别人逼着才向前走,不愿自己开拓进取;无法将精力集中到学习中去,容易陷入玩物丧志的境地,如对手机的依赖,对网络游戏的投入;拖延症普遍存在;学习动力不足,学习方法、学习习惯欠佳,学习效率不高。二是坚持性有较大发展,但坚持性与动摇性共存。想法多,坚持少,三分钟热度,遇到困难容易打退堂鼓,在得失之间徘徊。三是果断性有所增强,明辨是非的能力有所提升,但伴有冲动行事和犹豫不决。由于缺

---

① 曹士东.高职院校大学生思想政治教育研究[M].合肥:合肥工业大学出版社,2009.

乏充分的准备、思考、了解和理智的判断,容易冲动行事。

2. 思想政治状况的积极表现

一是当前我国高职高专学生的主流是积极的、健康的、向上的,能够在个人现有价值的基础上追求人生的应有价值,明白自我价值实现和社会价值追求之间的关系、意义和价值。二是怀有爱国热情、报国之志,对党和政府的重大决策以及对重大事件的处理,能够表示理解、赞同和支持;有爱国心,愿意为国家、社会做贡献。三是主体意识、发展意识较强,善于捕捉和接受新生事物。现今的高职高专学子都是95后,是在自媒体不断发展的环境下成长的一代,他们追求思想独立,喜好接受新事物,竞争意识强,有很强的个人意识,追求独立的个性,思想上要求积极向上,价值观更加务实,对社会的认知比前辈们丰富多彩。多学些本领,多掌握几种技能,适应竞争,适应社会,已得到当代高职高专学子的普遍认同。四是富有同情心、责任感和正义感。普遍对个人的未来怀有较高的期望,比前辈们更加向往美好的生活,这种期望让大学生的价值观体系中积极、明确的元素占有主导地位。

3. 思想政治状况的消极表现

(1) 理想信念淡薄,信仰缺失。对马克思主义理论教育厌倦和逆反,不能积极主动地融入马克思主义信仰的教育过程,由于心理的不成熟,极少部分学生放弃马克思主义信仰和共产主义信念,转而信奉西方某些社会思潮以及在现实压力下转向宗教心灵的寄托。缺乏正确的世界观、人生观和价值观指引,生活目标不明确,缺乏进取。缺乏对职业道德、职业素养的认知,对创新创业认知度不高,缺乏吃苦耐劳意识。集体观念、荣辱观念、纪律观念、法制观念和自我约束力有待提升。

(2) 学习意志力薄弱,进取意识缺乏。对学习缺乏热情,对网络有很强的依赖,往往过分沉迷于网络聊天、网络视频和网络游戏,对现实中的种种不理解、不满或困惑,对现实压力的无以排解或无法在现实中得到肯定和认同,都会使得他们把网络作为排解、倾诉和发泄的对象,总希望在网络虚拟世界中找到精神慰藉或精神解脱。但借酒消愁愁更愁,网络使得他们越来越难以面对现实,从而对网络形成心理依赖,荒废了学业,影响了成长。

(3) 纪律意识缺乏,违规违纪现象普遍。由于没有树立正确的价值观和人生观,由于对学习缺乏兴趣,致使很多学生没有形成良好的学习和行为习惯,有些学生大问题没有,小问题不断,迟到、旷课、早退是家常便饭,部分学生行为举止乖张,出言不逊,衣冠不整进教室,抽烟酗酒,乱丢垃圾;有的同学上课打瞌睡、玩网络游戏,待到考试巧作弊,作弊不成则寄希望于补考;少数学生打架斗殴,损坏公物,偷盗别人财物,一些同学花钱散心,月下散步,众目睽睽之下搂搂抱抱。

(4) 重视个人利益,忽视集体利益。将理想定格为利益,盲目追求利益使得理想流于幻想,为利益让步,不能专注地付出实际努力。一直以来的应试教育和一些家庭不很恰当的子女教育方式,在不同程度上使一些高职高专学子滋生了个人主义思想。凡事以自己为中心,缺少集体主义感,对集体的事情缺乏关心,只有对自己有利的活动才会积极参加,缺乏社会责任感。这种价值倾向严重限制了学生自身的成长,有悖于社会主义发展要求。

(5) 重视娱乐消遣,缺乏艰苦奋斗精神。艰苦奋斗是中华民族一直以来的优良传统,而现今良好的物质生活条件以及多数家长的一味宠溺,导致目前多数学生弱化甚至丧失了忍受辛苦的能力,而职业教育培养的是职业劳动者,需要发扬艰苦奋斗的精神,总是通过娱乐消遣逃避现实,无法拥有足够的立足社会和胜任职业的能力。

三、高职高专价值观教育的现状

2014年6月,全国职业教育工作会议上,习近平总书记就加快职业教育发展作出重要指示。他强调,职业教育是国民教育体系和人力资源开发的重要组成部分,是广大青年打开通往成功成才大门的重要途径,肩负着培养多样化人才、传承技术技能、促进就业创业的重要职责,必须高度重视、加快发展。要树立正确人才观,培育和践行社会主义核心价值观,着力提高人才培养质量,弘扬劳动光荣、技能宝贵、创造伟大的时代风尚,营造人人皆可成才、人人尽展其才的良好环境,努力培养数以亿计的高素质劳动者和技术技能人才①。习总书记的指示指明了职业教育的意义、目标和教育重点。近些年来,高职教育为社会培养了数以亿计的高素质劳动者,为国家的繁荣富强作出了巨大的贡献。

随着市场经济的发展,功利主义和实用主义的影响日益加剧,教育的功利价值十分明显,出现了重视专业知识与技能培育,忽视人文教育与职业素养教育的问题,尤其是职业教育,在这一点上体现得更为突出。出现了职业教育只能培养"人力"或"劳动力",把人看成简单的生产工具,把院校看成人力资源"加工厂"的现象。只重职业技能的培养,而忽视了"人之为人"所应具有的独立、自由、价值、人格、个性等方面的发展与完善,这种教育必然导致人格的残缺。我国职业教育的奠基人黄炎培先生说:"仅仅教学生职业,而于精神的陶冶全不注意,是把一种很好的教育变成'器械的教育',只能是改良艺徒培训,不能称之为职业教育。"高职院校在职业精神培育上存在不足。

1. 缺乏对职业教育认同的培育

高等职业教育是培养拥护党的基本路线,适应生产、建设、管理、服务第一线需要的,德、智、体、美等方面全面发展的高等技术应用型专门人才②。一线是职业教育毕业生就业的主要去向,高校在职业精神培育中缺乏对职业教育的实质和特点的正确引导,以至于一些学

---

① 倪光辉. 习近平就加快发展职业教育作出重要指示[N]. 人民日报,2014-06-24(1).
② 参见教育部关于加强高职高专教育人才培养工作的意见(中华人民共和国教育部). http://old.moe.gov.cn//publicfiles/business/htmlfiles/moe/A08_sjhj/201109/124842.html. 相关内容.

子认为一线劳动不是光彩的职业,从心理不能接受从事的职业和从业的环境。一些学子对未来的从业环境、从业内容没有充分的认识,来到一线后,认为与自己的期望相差甚远,心理落差大,以致影响职业适应力。是否具备职业自信,能否积极、主动适应职业环境,关系到学生的职场关注力、职业控制力,高校在帮助高职高专学子积极建构和完善自我对职业的认知体系,探索自我和职业的匹配度上需要加强力度。

2. 缺乏责任意识的培育

责任意识是一种自觉意识,表现得平常而又朴素。有责任意识,再有难度的工作也能出色完成;没有责任意识,再简单的工作也会出现错误。责任意识强,能克服问题,勇往直前;责任意识差,得过且过还会犯错。是否具备责任意识是所有用人单位选人用人的关键考虑要素,也是从业者能否优秀从业、实现个人价值的关键。在高职教育中,缺乏对学子责任意识的培育,大多时候以任其自由发展的状态放任自流。

3. 缺乏敬业精神的培育

干一行爱一行,而不是爱一行干一行。一个人只有敬重自己的事业,认识到自己所从事职业的社会价值,才会热爱自己的工作,才可能为此拼搏,为此付出,才能在平凡的岗位上干出不平凡的事业。一个人缺乏敬业精神,就没有积极进取、爱岗敬业的心智模式,就不可能取得惊人业绩。如果每一位职工都致力于将自己的本职工作做好,多一些理解与合作精神,少一些抱怨和懈怠,将更多的精力放在提升专业知识和技能,放在致力于本职岗位有所建树,放在本职岗位做得更加出色上,单位、社会就有了向前发展的坚实基础。

4. 缺乏吃苦耐劳精神的培育

所有从事一线工作的人员都必须大力推崇职业平等、尊重劳动的精神与品质。职业教育培养的是技术性应用型专门人才,吃苦耐劳是关键的职业素养。中华民族是一个有吃苦耐劳精神的民族,吃苦耐劳精神是中华民族的光荣传统，一个人是否具有吃苦耐劳精神，也是人们衡量做人的一个标准。但随着生活条件的日益优越，95 后的高职高专学子特别缺乏吃苦耐劳、艰苦奋斗的精神。在就业时，容易因离家远、起点低、待遇不高等因素待业在家，暂时就业了，往往也因经受不住工作艰苦的考验而放弃。有些用人单位不禁感慨："现在的毕业生最大的毛病就是怕吃苦。"

5. 缺乏团结合作精神的培育

在特定的团队中，为了一个共同的目标发挥各自的特长、能力，相互支持、合作奋斗，整个团队形成一股合力，拧成一股绳，心往一处使，劲往一处用，无坚不摧，这就是团队合作的力量。这是一股强大而持久的力量，它可以将团队成员的所有资源和才智都调动起来。在形成合力的过程中，可能会出现不和谐和不公正现象，但具有团队合作精神的人，会知道为了最后的目标而妥协，融入整个团队，最终突破所有问题，取得最后的胜利。

6. 缺乏工匠精神的培育

"工匠精神"是从业人员的价值取向和行为追求，是一定人生观影响下的职业思维、职业态度和职业操守，精益求精是工匠精神的直接表现。中华民族品牌的创立，"中国智造"誉满全球的背后是精益求精、求实创新的工匠精神。没有最好，只有更好，让追求细节的完善和产品的完美成为一种信仰，始终不渝地追求至善至美的状态，这是我国由制造大国向制造强国转变必须具备的精神，可以说，工匠精神是实现美好生活的一个重要保障。2016 年，李克强总理在全国两会上提出：鼓励企业开展个性化定制、柔性化生产，培育精益求精的工匠精神，增品种、提品质、创品牌[①]。近年来，我国公民出境购买海外高品质商品以及海外代购业务的火爆，说明国人已经具备了高品质消费的愿望。我国公民既具备了高品质

---

① 参见 2016 年政府工作报告。http://news.xinhuanet.com. 相关内容。

消费的能力,也具备了高品质消费的愿望,工匠精神是实现品质保障的关键要素。

四、高职高专学子亟待社会主义核心价值观的树立

青年学子置身改革发展中的中国,既享受时代发展的成果,也经受改革开放的激荡与冲击,面对世界的深刻复杂变化,面对信息时代各种思潮的相互激荡,面对纷繁多变、鱼龙混杂、泥沙俱下的社会现象,大学生疑惑、彷徨、失落。因此,积极、科学、健康的价值观亟待确立。

核心价值观,承载着一个民族、一个国家的精神追求,体现着一个社会评判是非曲直的价值标准。大学生是祖国的未来,青年大学生的价值取向决定了未来整个社会的价值取向,开展大学生社会主义核心价值观的培育和践行,关乎大学生自身的健康成长,关乎中华民族的伟大复兴和中国特色社会主义事业的发展,关乎中华文化的传承和发展。青年处于价值观形成和确立的关键时期,具有很强的接受能力和自我修正能力,如习近平主席所比喻的"人生的扣子从一开始就要扣好"。在青年的人生发展阶段上,每一个青年都会有自己的特殊环境和机缘,也都需要根据时代际遇和社会机缘,谋划自己的人生发展,创造属于那个时代的人生和社会历史。作为青年,大学生就是要在党的英明领导下,勇敢地担负起自己的历史重任,努力实现中华民族伟大复兴的重任。核心价值观的内化需要一个培育、接受、内化和外显的过程,大学生是否高度认同和切实践行社会主义核心价值观,能否把核心价值观自觉付诸行动,并形成一以贯之和自觉奉行的准则和信念,关键在于尊重大学生的个体成长特点、现实环境,与时俱进、创新方式方法、开展培育,实现社会主义核心价值观念入耳、入眼、入脑、入心。

第二节 研究的现状

改革开放以来,伴随着社会的发展,大学生的价值观发生了重大变化,学术界对大学生价值观的研究经历了20世纪80年代早期的简单比较性研究、20世纪80年代中后期的批判性研究、20世纪90年代的分析性研究和21世纪以来的对策性研究过程[①]。党的十八大提出以"三个倡导"为基本内容的社会主义核心价值观之后,关于大学生社会主义核心价值观的培育研究,迅速成为学术界关注的热点。近年来,研究的重点集中在大学生社会主义核心价值观的培育,研究内容涉及大学生价值观的现状、大学生社会主义核心价值观培育的重要性、培育的路径及面临的挑战等方面。截至2017年10月,中国知网查询结果显示,关于大学生社会主义核心价值观研究的论文已达44 628篇,大学生培育和践行社会主义核心价值观,作为当前中国面临的一个重大理论与实践问题,引起了学术界的重视。

一、大学生社会主义核心价值观培育的现状研究

首先,学者们认为高校在大学生社会主义核心价值观培育中做出了积极努力。自20世纪90年代以来,学术界从哲学、伦理学、教育学、社会学、心理学、文化学、传播学以及马克思主义理论学科等角度介入大学生价值观研究。在大学生价值观的特点、演变轨迹、变化原因、培育路径、大学生价值观教育与主导价值观建设、传统价值观与大学生价值观、西方价值观与大学生价值观、全球化与大学生价值观等方面获得了较为丰富的研究成果。必须重视大学生核心价值观的系统研究与培育,将理论传输与实践育人相结合,实现培育的整体

---

① 闫惠惠.大学生社会主义核心价值观培育路径研究[J].综述城乡社会观察,2016(7):170-174.

性和系统性,对此理论界已达成共识、展开讨论,此举将成为趋势。如杨业华在《当代大学生社会主义核心价值观研究》一书中,结合《当代中国大学生核心价值观的现状调查问卷》和《当代中国大学生核心价值观目标调查问卷》结果,对当代中国大学生核心价值观现状和目标进行分析总结,并从思想政治理论课视域对大学生社会主义核心价值观的培养路径展开研究①。

其次,学者们认为高校在大学社会主义核心价值观培育中有需要改善的方面。徐柏才、覃小林认为培育中忽视学生个体性,在构建校园良好文化氛围的过程中,存在着弘扬社会主义核心价值观的内容不突出、片面追求活动形式的现象,在理论教育和实践活动中忽视学生的个体需要和个人情感的表达,对学生理论学习和实践活动的指导没有收到预期效果②。张丁杰、曾贤贵指出教育效果缺乏有效评估和反馈,当前的教育模式,过于强调单向的理论灌输教育,而对教育学习之后的有效反馈和教育效果的评估却重视不够。这就使现行教育模式不能得到及时的修正和完善,也影响了教育活动实效性的增强③。安小文、李祖平认为培育结构不完善,一方面,培育模式和方式方法还存在着单一化现象,结合学生的实际情况开展教育活动还不够;另一方面,培育体系和机制也不够健全,社会主义核心价值观的解读机制、评价机制都有待完善④。

二、大学生对社会主义核心价值观的认同研究

余林、王丽萍对大学生价值观的内隐认同开展研究,并指出内隐

---

① 杨业华.当代中国大学生核心价值观研究[M].北京:人民出版社,2011.
② 徐柏才,覃小林.论大学生社会主义核心价值观的构建路径[J].学校党建与思想教育,2011(4):6-9.
③ 张丁杰,曾贤贵.论大学生社会主义核心价值观教育模式的构建[J].四川理工学院学报(社会科学版),2013(2):67-75.
④ 安小文,李祖平.大学生社会主义核心价值观培育的时代意蕴与路径选择[J].菏泽学院学报,2015(1):53-56.

认同是个体对某种价值观念通过价值认知、价值评价、价值选择等活动沉淀下来的一种无意识痕迹,这种痕迹或其影响是个体在意识水平上无法觉知的,但它又潜在地影响个体对社会对象的情感取向、认识和行为[①]。他的研究结果显示大学生对社会主义核心价值观的认同度仅限于将社会主义核心价值观赋予积极、肯定的情感及表现出信守、遵从的行为倾向,但并没有将其与自我紧密联系。大学生虽尚未将社会主义核心价值观内化为自我价值观,但已经具备了实现这一过程的基本条件。赵欢春认为,当前核心价值观认同路径存在的主要问题在于多责任主体的单向价值灌输路径难以与大学生价值观吸收路径产生呼应,自发路径难以与自觉路径产生共鸣,路径单一难以彰显核心价值意义,究其原因在于,核心价值观培育路径主体性相对缺失与大学生的主体性提升之间的矛盾,培育路径拓展能力不足与对象性关系生成能力提升之间的矛盾,教师"搭便车"与大学生主体性提升诉求之间的矛盾[②]。何彦新、古帅认为大学生社会主义核心价值观培育面临现实困境,原因在于大学生对民族传统文化的认同感缺失、大学生对社会主义先进文化的信仰程度降低、大学生对于多元价值取向的困惑增多[③]。刘峥认为大学生内化认同社会主义核心价值观的过程包括理性认知、情感共鸣、思想转化、心理调适和沉淀固化五个环节。这五个环节分别是内化认同的起点、重点、拐点、焦点、终点,形成了一个完整的动态循环系统[④]。

[①] 余林,王丽萍.大学生对社会主义核心价值观的内隐认同研究[J].西南大学学报(社会科学版),2013(5):86-93.

[②] 赵欢春.大学生社会主义核心价值观认同路径研究[J].江苏社会科学,2014(3):7-11.

[③] 何彦新,古帅.基于文化认同的大学生社会主义核心价值观培育[J].思想理论教育导刊,2017(7):98-102.

[④] 刘峥.大学生认同与践行社会主义核心价值观研究[D].长沙:中南大学,2012.

三、社会主义核心价值观与高校思想政治教育的关系研究

在对社会主义核心价值观与大学生思想政治教育关系的研究上,杨业华、姚瑶认为社会主义核心价值体系不仅为思想政治教育创新提供了价值导向和理论依据,还丰富了思想政治教育创新的内容[①]。欧清华认为,社会主义核心价值观,是一种基于我国意识形态,符合社会长远发展,具有历史性、现实性和未来性的稳定的价值观。它是吸收资本主义核心价值观的合理内核、继承中国优秀传统文化的理性价值、融汇马克思主义核心价值观的一种新型的价值观,既反映社会主义制度本质,又能促进社会主义和谐发展。它与思想政治教育的价值理想和追求相契合,为思想政治教育奠定了坚实的环境基础和哲学基础[②]。路强认为社会主义核心价值观的提出具有重要的思想政治教育意义,指明了思想政治教育的价值诉求,激发思想政治教育的原初动力,增强思想政治教育的征服力与实效性。社会主义核心价值观具有深刻的思想政治教育内涵,思想政治教育亦当承担起弘扬社会主义核心价值观的使命,要对社会主义核心价值观进行直接的思想与理论论证,将社会主义核心价值观融入思想政治教育过程的各个方面与环节之中,并对违背社会主义核心价值观的思想观念进行批判,肩负起捍卫社会主义核心价值观的文化使命[③]。

四、大学生社会主义核心价值观的培育路径研究

大学生社会主义核心价值观培育路径是学者们探讨的热点。曹

---

① 杨业华,姚瑶.论社会主义核心价值体系与思想政治教育创新的关系[J].思想理论教育导刊,2013(1):104-105.
② 欧清华.社会主义核心价值观是思想政治教育的逻辑基础[J].科学社会主义,2008(5):85-88.
③ 路强.思想政治教育论域下的社会主义核心价值观[J].东北师大学报(哲学社会科学版),2015(1):229-232.

群、郑永廷指出,要将社会主义核心价值观贯穿高校思想政治理论课教学,并厘清"为什么要贯穿"和"如何把握与理解"的基本问题;在思维转换上实现政治话语与学术话语、理性世界与生活世界、社会价值取向与个人价值取向的融合与对接①。徐玉明强调,要让社会主义核心价值观成为大学生的基本准则,就要在知行统一上下功夫。要内化于心,在价值导向上坚持马克思主义指导,要外化于行,不断拓宽践行社会主义核心价值观的现实途径,使践行社会主义核心价值观成为当代大学生的自觉行动②。宋乃庆、贾瑜、廖晓衡指出,社会主义核心价值观是对中华优秀传统文化的继承和升华,中华优秀传统文化是青年培育和践行社会主义核心价值观的重要基石,青年学生要增强文化自信、提升文化自觉、实现文化自强,将弘扬中华优秀传统文化融入自身学习之中,注重认定和养成,做到坚守和践行,使社会主义核心价值观成为自身日常行为准则和自觉奉行的信念理念③。依据马克思主义就个人与社会关系的论断"人的本质属性表现为一切社会关系的总和,社会关系实际上决定着一个人能够发展到什么程度"④。马小华指出,大学生社会主义核心价值观培育应实现大学生个体自我培育与社会性外在因素互动的辩证统一,不断强化个体发展的社会化程度是实现大学生自觉培育社会主义核心价值观的根本的内在要求,是引导大学生个体树立个人层面价值观准则的根本

---

① 曹群,郑永廷.社会主义核心价值观贯穿高校思想政治理论课教学的要义[J].思想理论教育导刊,2015(2):74-78.
② 徐玉明.简述大学生社会主义核心价值观的知行统一[J].思想理论教育导刊,2015(4):68-72.
③ 宋乃庆,贾瑜,廖晓衡.中华优秀传统文化与社会主义核心价值观的培育与践行[J].思想理论教育导刊,2015(4):64-67.
④ 中共中央马克思恩格斯列宁斯大林著作编译局.马克思恩格斯全集:第3卷[M].北京:人民出版社,1960.

切入点①。李晓菲指出,建立社会主义核心价值体系内化机制的首要条件是引导大学生对社会主义核心价值体系及其深刻内涵进行科学解读。因此,高职院校应研究和掌握大学生精神生活的新形式、新载体,创新社会主义核心价值观的解读机制,使社会主义核心价值观更加日常化、具体化、形象化,用大学生乐于接受、易于理解、喜闻乐见的形式解读社会主义核心价值观,使抽象的、枯燥的理论蕴藏于一个个感人至深的教育场景,这样才有助于大学生更好地理解社会主义核心价值观的深刻内涵②。徐柏才、覃小林提出"五个结合"的构建路径:一是理论灌输与利益认同相结合;二是文化熏陶与文化滋润相结合;三是生活渗透与生活关心相结合;四是行为规范与行为引导相结合;五是实践检验与实践拓展相结合③。吴刚指出构建具象化机制,是增强大学生社会主义核心价值观、培育践行实效性的必然要求,即施教主体充分利用可感知、可识别的具象化载体和形式,促进大学生潜移默化地认知、整合、内化社会主义核心价值观的具体运行方式。具体包括合目的性与合规律性的对接机制、文本世界到生活世界的转化机制、内化于心与外化于行的耦合机制、一元主导与多元参与的协同机制④。

五、新媒体与大学生社会主义核心价值观的培育研究

依托新媒体,用大学生喜闻乐见的方式开展大学生社会主义核心价值观培育是学者们的共识。韩文乾认为,利用新媒体进行社会

---

① 马小华.从马克思主义人的本质论看大学生个体发展与社会主义核心价值观培育[J].黑龙江高教研究,2016(12):161-163.
② 李晓菲.高职院校大学生社会主义核心价值观的培育原则和路径[J].南京广播电视大学学报,2017(1):58-62.
③ 徐柏才,覃小林.论大学生社会主义核心价值观的构建路径[J].学校党建与思想教育,2011(4):6-9.
④ 吴刚.构建高校培育践行社会主义核心价值观的具象化机制[J].学习与实践,2016(2):59-64.

主义核心价值观教育是高校思想政治教育的一项重要任务,要努力营造适合当代大学生学习习惯的新媒体育人环境。高校一要利用新媒体推动高校课程建设,把社会主义核心价值观融入高校教学;二要加快高校网络平台建设,注重社会主义核心价值观教育的隐性宣传;三要利用新媒体推动高校文化建设,提高社会主义核心价值观的价值观自信,把社会主义核心价值观融入高校文化[①]。唐平秋、卢尚月认为,新媒体具有典型的"去中心化""碎片化"和隐匿性的特点,新媒体的"去中心化"一定程度上消解了大学生对社会主义核心价值观的认同,"碎片化"增加大学生价值选择的困惑,隐匿性导致大学生主导价值规范的缺失,针对新媒体的特点和对大学生社会主义核心价值观培育提出的挑战。他们认为高校教育工作者要积极利用新媒体这一技术优势,健全新媒体监管机制,净化大学生社会主义核心价值观培育的舆论环境,提高大学生的媒介素养,从而引导大学生自觉树立社会主义核心价值观[②]。于安龙、刘文佳分析了微文化对大学生社会主义核心价值观教育的负面影响,具体表现在微文化价值取向多元化冲击着核心价值观的主导地位,价值判断简单化消解着核心价值观的厚重性,价值传播个体化抵牾着核心价值观的准确性[③]。农毅在对影响价值观的网络心理学因素分析的基础之上,提出网络心理学视域下社会主义核心价值观培养的路径,包括整合网络资源,根据当代传媒特点及时制定教育方案;加强队伍建设,强化辅导员队伍对教育方案的落实能力;结合典型案例,采取多种方式加强大学生价值观

---

① 韩文乾.新媒体环境下高校社会主义核心价值观教育途径探析[J].思想理论教育导刊,2015(3):68-71.
② 唐平秋,卢尚月.新媒体环境下大学生社会主义核心价值观培育的思考[J].思想理论教育导刊,2015(4):73-76.
③ 于安龙,刘文佳.微文化对大学生社会主义核心价值观教育的影响及对策[J].中国青年研究,2014(11):107-112.

的引领[①]。赵金广认为,西方发达国家利用新媒体技术以新的文化"殖民扩张"政策影响大学,新媒体技术对大学生的道德与心理产生负面作用,新媒体技术凭借其丰富的消费资源助长了消费文化、享乐主义的流行,并在此基础之上提出努力构建网络思想教育新平台,不断提高当代大学生的新媒体素养,改进传统的"两课"教育方式,强化对新媒体监管等对策建议[②]。

[①] 农毅.网络心理学视域下大学生社会主义核心价值观培养[J].社会科学家,2014(6):123-126.
[②] 赵金广.论新媒体技术条件下大学生社会主义核心价值观的培养[J].河北学刊,2014(5):145-147.

第二章 社会主义核心价值观的内涵

第一节 社会主义核心价值体系的内涵

(一) 价值、价值观、核心价值体系、核心价值观

1. 价值

价值作为一个常见范畴,其含义其实是十分复杂的,在不同的语境中各不相同。一般来说,关于价值的含义一般可以从两个角度来理解,一是政治经济学的理解,马克思主义政治经济学认为,"价值就是凝结在商品中的无差别人类劳动。"从这个角度看价值,只有通过劳动才能创造价值,没有劳动就没有价值。二是哲学的理解,哲学角度对价值的理解有"主观说""客观说"和"关系说",现在"关系说"已经成为通说,得到大家的公认。"关系说"认为,所谓价值,就是客体的属性与主体的需要的对应关系,也即客体的属性能够满足主体的需要的关系。

2. 价值观

价值观是人们对物质世界和精神世界的判断、评价、取向和选择的标准,在深层上表现为人生处世哲学,包括理想信念和人生的目的、意义、使命、态度,而在表层上则表现为对利弊、得失、真假、善恶、美丑、义利、理欲等的权衡和取舍。具体来说,就是人们关于好坏、得失、善恶、美丑等价值的立场、看法、态度和选择,是人们心目中用以

衡量事物的轻重、权衡得失的尺子①。

价值观作为主体人的价值追求，体现着人的利益和需要，人的需要是萌发价值观的动力基石，主导着人的动机、目的和最终行为指向。人的需要是多层次、多样化的，人的价值观也表现出多样化的特征。要形成一种积极进步的价值观，必须要保持主体的选择与社会的发展和客观事物的发展相符合并基本同步。

价值和价值观是既相互区别又相互联系的两个概念。价值是主客观相互作用的产物，是主体在实践中建立的以主体为尺度的一种客体对主体的效应，是一种客观存在的社会现象。价值观则是对这样一种客观存在的社会现象的主观认识，人既生活在事实世界之中，也生活在价值世界之中，追求真理和创造价值是人类认识和实践活动的基本内容。人类在社会生活的实践中不断地追求真理和创造价值，同时也在不断地作出事实判断和价值判断，不断地认识和评价价值。人们在长期的社会生活、实践中逐渐形成了关于各种价值的看法，并形成一定的价值观。由此可见，价值观是建立在价值的基础上的，没有价值，价值观就成了无源之水、无本之木。

3. 核心价值体系

价值体系是社会意识的集中反映，受一定社会基本制度的制约，是由一定社会崇尚和倡导的思想理论、理想信念、道德准则、精神风尚等因素构成的社会价值认同体系。价值体系是诸多价值观的集合，如伦理价值观、政治价值观、经济价值观、社会生活价值观等价值观共同组成价值体系。

核心价值体系是在多元化的价值体系中，处于主导和决定作用的价值体系，是指一个国家或地区占据主导地位的社会理论和意识形态的价值体系。在价值体系中居核心地位、起主导作用和统领功能。它能够影响和制约其他价值体系，对社会的经济、政治、文化发

---

① 韩震.社会主义核心价值观五讲[M].北京：人民出版社，2012.

展起关键性影响作用,关系着国家的兴亡、民族的进退和社会的兴衰,是最基础、最核心和最稳定的部分,是一个人、一个集团乃至国家和民族长期秉承的一套根本原则,它从深层次稳定而又恒久地引领着人们的思想观念与价值取向。核心价值体系是一个社会得以正常运转、可持续发展的精神支柱。每个社会都有自己的核心价值体系,如先秦典籍《管子·牧民》就提出过"国之四维"。国家有四维,缺了一维,国家就不稳;缺了两维,国家就危险;缺了三维,国家就倾覆;缺了四维,国家就会灭亡。那什么是国家的四维呢?一是礼,二是义,三是廉,四是耻。后来,"礼义廉耻,国之四维"之说融入儒家礼教思想之中,成为中国封建社会的核心价值体系。

在资本主义革命的初期,新兴的资产阶级还没有政治权力,"自由、平等、博爱"成为摆脱封建主义束缚的旗帜。资产阶级夺得统治权后,在社会主义实践和工人阶级运动的压力下,资产阶级也逐渐把资本主义的核心价值观嬗变为"民主、自由、人权"。资本主义价值观念体系的核心,是"个人本位"或"个人主义"。它肯定个人生命、自由、私有财产等是不可侵犯的"天赋人权",认为社会的一切权力都导源于个人对自己生活的基本权利。只有个人才是实在的,整个社会的结构和关系通过个人之间的交往,特别是通过商品交换来形成。资本主义的价值观念表现在社会制度和社会规范方面,是反映私有制基础上的商品自由竞争、追求利益最大化的"自由"观念和功利主义观念。

4. 核心价值观

价值观有多种,价值观以其在价值观体系中的地位为标准,可以分为一般价值观和核心价值观。核心价值观是指人们在长期的价值生活实践中积淀和形成的有关客体对主体效应的根本看法,是人们在处理各种价值问题时所持的根本立场、观点和态度,它在整个价值观体系中处于中心地位,是核心价值体系的内核,是价值观内核中的内核,核心价值观处于主导和决定地位,统率着其他处于从属地位的价值观念,在整个价值观体系中起主导、支配和决定性作用,代表着价值观的根本特征,体现着价值观的根本倾向,统率并约束其他处于非核心地位的价值观。具体来说,就是人们关于好坏、得失、善恶、美丑等价值的根本立场、根本看法和根本态度①。

杨业华教授在《大学生核心价值观的内涵及研究意义探析》中指出,所谓大学生核心价值观,是指当代中国大学生这个特定的社会群体在长期的价值生活实践中积淀和形成的有关客体对主体效应的根本看法,是当代中国大学生这个特定的社会群体在处理各种价值问题时所持的根本立场、观点和态度,它在整个大学生价值观体系中处于中心地位,起着主导作用,代表着大学生价值观的根本特征,体现着大学生价值观的根本倾向,统率并约束其他处于非核心地位的价值观②。

(二)社会主义核心价值体系

2006年10月,党的十六届六中全会通过的《中共中央关于构建社会主义和谐社会若干重大问题的决定》(以下简称《决定》),提出要构建民主法治、公平正义、诚信友爱、充满活力、安定有序以及人与自然和谐的社会主义和谐社会。同时,《决定》明确提出了社会主义核心价值体系的基本内容,即马克思主义指导思想、中国特色社会主义共同理想、以爱国主义为核心的民族精神和以改革创新为核心的时代精神、社会主义荣辱观。《决定》指出,社会主义核心价值体系是建设和谐文化的根本,要坚持以社会主义核心价值体系引领社会思潮,尊重差异,包容多样,最大限度地形成社会思想共识,形成全民族奋发向上的精神力量和团结和睦的精神纽带③。2007年6月25日,胡锦涛同志在中央党校省部级干部进修班发表的重要讲话中强调,要大力建设社会主义核心价值体系,巩固全党全国人民团结奋斗的共

---

① 杨业华.当代中国大学生核心价值观研究[M].北京:人民出版社,2011.
② 杨业华.当代中国大学生核心价值观研究[M].北京:人民出版社,2011.
③ 中共中央文献研究室.十六大以来重要文献选编(下)[M].北京:中央文献出版社,2008.

同思想基础。2007年10月15日,党的十七大首次将建设社会主义核心价值体系纳入报告,提出了建设社会主义核心价值体系,增强社会主义意识形态的吸引力和凝聚力的要求。胡锦涛同志在十七大报告中指出:"建设社会主义核心价值体系,增强社会主义意识形态的吸引力和凝聚力","社会主义核心价值体系是社会主义意识形态的本质体现",要"切实把社会主义核心价值体系融入国民教育和精神文明建设全过程,转化为人民自觉追求","积极探索用社会主义核心价值体系引领社会思潮的有效途径,主动做好意识形态工作,既尊重差异、包容多样,又有力抵制各种错误和腐朽思想的影响。"[①]2008年12月,胡锦涛同志在纪念中国科协成立五十周年大会上的讲话中指出,"社会主义核心价值体系是我国指导思想、共同理想、民族精神、道德观念的集中体现,是社会主义精神文明建设的基本内容。建设社会主义核心价值体系,形成全民族奋发向上的精神力量、团结和睦的精神纽带,是增强民族凝聚力和国家软实力的客观需要。"显然,国家已经把建设社会主义核心价值体系上升到国家文化软实力的高度予以重视和建设。2011年10月,党的十七届六中全会通过了《中共中央关于深化文化体制改革推动社会主义文化大发展大繁荣若干重大问题的决定》,文件指出,"社会主义核心价值体系是兴国之魂,是社会主义先进文化的精髓,决定着中国特色社会主义发展方向",要"把社会主义核心价值体系融入国民教育、精神文明建设和党的建设全过程,贯穿改革开放和社会主义现代化建设各领域,体现到精神文化产品创作生产传播各方面,坚持用社会主义核心价值体系引领社会思潮,在全党全社会形成统一指导思想、共同理想信念、强大精神力量、基本道德规范。"这就将推进社会主义核心价值体系建设的重要性,上升到事关中国特色社会主义的发展前途和中华民族生死存

---

① 中共中央文献研究室.十七大以来重要文献选编(上)[M].北京:中央文献出版社,2009.

亡的高度。

社会主义核心价值体系包括四个方面的基本内容,即马克思主义指导思想、中国特色社会主义共同理想、以爱国主义为核心的民族精神和以改革创新为核心的时代精神、社会主义荣辱观。四者相辅相成,其中,坚持马克思主义指导思想是灵魂,树立中国特色社会主义共同理想是主题,弘扬以爱国主义为核心的民族精神和以改革创新为核心的时代精神是精髓,践行社会主义荣辱观是基础。

社会主义核心价值体系,是一个融汇了社会主义价值观、社会主义价值体系和社会主义核心价值观的有机统一整体,是一个包含丰富内容的多层次体系[①]。社会主义核心价值体系的提出,是我党理论创新的又一重大成果,是党领导全国各族人民团结奋斗实践的理论总结,在整个社会的价值体系中居核心地位,起主导作用,决定着整个价值体系的基本特征和基本方向。它是加强社会主义和谐文化、和谐社会建设的重大举措,对于巩固马克思主义在意识形态领域的指导地位,形成全民族奋发向上的精神力量和团结和睦的精神纽带,对于引领全体社会成员在思想上、道德上共同进步,对于我们深化对中国特色社会主义本质的认识,全面推进中国特色社会主义伟大事业,具有重大的理论和现实意义,为社会主义核心价值观的凝练和提出提供了基础和前提条件。

第二节 社会主义核心价值观的内涵

(一) 社会主义核心价值体系与社会主义核心价值观

随着对社会主义核心价值体系认识的不断深化以及重要性的日

---

① 戴木才,田海舰.论社会主义核心价值体系与核心价值观[J].中国党政干部论坛,2007(2):36.

益凸显,凝练和提出社会主义核心价值观不仅有所必要,而且成为必然。

党的十八大提出"三个倡导",即倡导富强、民主、文明、和谐,倡导自由、平等、公正、法治,倡导爱国、敬业、诚信、友善,积极培育和践行社会主义核心价值观。这是对社会主义核心价值观的最新概括。党的十八大报告从国家、社会和个人三个层面,以"富强、民主、文明、和谐,自由、平等、公正、法治,爱国、敬业、诚信、友善"这二十四个字对社会主义核心价值观的内涵做了科学的界定,并提出要"积极培育和践行社会主义核心价值观。牢牢把握意识形态工作领导权和主导权,坚持正确导向,提高引导能力,壮大主流思想舆论。"① 2013 年 12 月,中共中央办公厅印发了《关于培育和践行社会主义核心价值观的意见》(以下简称《意见》)。《意见》指出:以"三个倡导"为基本内容的社会主义核心价值观,是与中国特色社会主义发展要求相契合,与中华优秀传统文化和人类文明优秀成果相承接,是我们党凝聚全党全社会价值共识作出的重要论断,并指出要把培育和践行社会主义核心价值观融入国民教育全过程,落实到经济发展实践和社会治理中。强调要用社会主义核心价值观引领社会思潮、凝聚社会共识。2014 年 2 月 24 日,习近平总书记在主持中共中央政治局第十三次集体学习时强调,把培育和弘扬社会主义核心价值观作为凝魂聚气、强基固本的基础工程,继承和发扬中华优秀传统文化和传统美德,广泛开展社会主义核心价值观宣传教育,积极引导人们讲道德、尊道德、守道德,追求高尚的道德理想,不断夯实中国特色社会主义的思想道德基础。2017 年 10 月 18 日,习近平同志在十九大报告中明确指出,"社会主义核心价值观是当代中国精神的集中体现,凝结着全体人民共同的价值追求"。

---

① 胡锦涛. 坚定不移沿着中国特色社会主义道路前进为全面建成小康社会而奋斗——在中国共产党第十八次全国代表大会上的报告[R]. 北京:人民出版社,2012.

社会主义核心价值观是社会主义核心价值体系的内核,是社会主义价值体系中最基础、最核心的部分。体现社会主义核心价值体系的根本性质和基本特征,反映社会主义核心价值体系的丰富内涵和实践要求,是社会主义核心价值体系的高度凝练和集中表达。

社会主义核心价值体系的基本内容比社会主义核心价值观的内涵的涵盖面要广,要丰富。从某种程度上说,没有社会主义核心价值体系就无法提炼出社会主义核心价值观,更不会有社会主义核心价值观的进一步发展。社会主义核心价值体系是社会主义核心价值观的基础和前提,是社会主义核心价值观形成和发展的必要条件,是社会主义核心价值观形成与发展的基础与载体,没有社会主义核心价值体系这个基石,社会主义核心价值观就是无本之木、无源之水。社会主义核心价值观是社会主义核心价值体系的高度概括,是社会主义核心价值体系的灵魂和内核,是社会主义核心价值体系的最高抽象,它用更凝练、更具体、更直观、更形象、更易于理解和记忆的形式来体现社会主义核心价值体系的根本精神和原则方向,对社会主义核心价值体系的构建起到了导向和引领作用。

社会主义核心价值观的提出是推动中国特色社会主义道路、理论、制度进一步发展和完善的精神支撑和前进动力,是政治理论、社会导向、行为准则的统一,它的提出基本上回答了"我们要建设什么样的国家、社会和培育什么样的公民"等重大理论与现实问题,是符合社会发展规律的科学价值追求。

(二)社会主义核心价值观的内涵

富强、民主、文明、和谐是国家层面的价值目标,自由、平等、公正、法治是社会层面的价值取向,爱国、敬业、诚信、友善是公民个人层面的价值准则,这24个字是社会主义核心价值观的基本内容,为培育和践行社会主义核心价值观提供了基本准则。"三个倡导"精辟概括了社会主义所崇尚的一系列基本价值理念,涵盖了中国特色社会主义的奋斗目标、社会理想、行为准则,体现了对国家、社会、个人不同层面的价值要求,覆盖面广、针对性强,是积极培育与践行社会主义核心价值观的重要准则。

1. 国家层面价值目标

"富强、民主、文明、和谐",是对国家层面所提出的价值目标,是我国社会主义现代化国家的建设目标,也是从价值目标层面对社会主义核心价值观基本理念的深刻总结,反映了中国特色社会主义的共同理想。它在社会主义核心价值观中居于最高层次,对其他层次的价值理念具有统领作用,支配、引导着其他层次价值观的发展。国家层面的这四个价值目标各自都有着丰富的含义。

富强:即民富国强,是社会主义现代化国家经济建设的应然状态,是中华民族梦寐以求的美好夙愿,也是实现中华民族伟大复兴的中国梦的物质基础。2013年3月17日,习近平在第十二届全国人民代表大会第一次会议上的讲话中指出"实现全面建成小康社会、建成富强民主文明和谐的社会主义现代化国家的奋斗目标,实现中华民族伟大复兴的中国梦,就是要实现国家富强、民族振兴、人民幸福,既深深体现了今天中国人的理想,也深深反映了我们先人们不懈追求进步的光荣传统。"① 富强是硬道理,没有国家富强,民族振兴、人民幸福就没有了前提。只有经济发展了,人民富裕了,国家强大了,才能全面建成小康社会,才能让人民群众充分共享改革开放发展的成果。从"站起来""富起来"的发展阶段开始向"强起来"迈进,这是当代中国高度自觉的必然选择。

民主:即人民民主,其实质和核心是人民当家做主。中国共产党自成立之日起就把马克思主义作为自己的指导思想,在革命和建设过程中始终坚持民主原则,发扬民主作风。1945年7月,著名民主人士黄炎培访问延安,向毛泽东同志提出了如何解决中国更朝换代

---

① 国务院新闻办公室会同中共中央文献研究室,中国外文局.习近平谈治国理政[M].北京:外文出版社,2014.

"其兴业浡焉""其亡也忽焉"周期率支配的问题,毛泽东同志的回答是:这条路就是民主,只有让人民来监督政府,政府才不敢松懈;只有人人起来负责,才不会人亡政息。邓小平同志指出:"没有民主就没有社会主义,就没有社会主义的现代化"。胡锦涛同志在党的十七大报告中指出:"发展社会主义民主政治是我们党始终不渝的奋斗目标"。习近平同志指出:经过三十多年的改革开放,我们走上了中国特色社会主义的发展道路,政治制度更加健全,社会主义民主进一步完善。我国的国体是人民民主专政,政体是人民代表大会制度,把民主作为社会主义核心价值观的一个组成部分,是因为民主充分体现了国体和政体的有机统一。

我国宪法明确规定,中华人民共和国的一切权力属于人民。人民当家做主是社会主义民主政治的本质和核心,是中国特色社会主义道路的重要体现。民主是社会主义的生命,也是创造人民美好幸福生活的政治保障。群众路线、"为人民服务"深入人心,民主的追求已经突破了"为民做主"的领导本位,追求人民自己做主,人民选举,人民管理,人民监督,追求经济、政治、文化、社会、生态文明"五位一体"的全面文明构建,追求人与自然、人与社会、人与人的全面和谐关系。十八届四中全会提出构建法治社会,依宪治国。我们国家要形成法律面前人人平等、国家权力属于人民,人民依法参加国家各项事务管理的良好氛围,为国家的长治久安提供坚强的保障。进一步落实社会主义民主政治的基本要求,坚持依法治国基本方针,形成社会主义制度的优越性。

文明:文明是相对野蛮、落后而言的,是人类改造世界的物质成果、政治成果和精神成果的综合,是社会发展和人类开化的进步状态和标志,其实质就是现代化和高水平的发展。文明是社会主义现代化国家文化建设的应有状态,是面向现代化、面向世界、面向未来的、民族的、科学的、大众的、社会主义文化的概括,是实现中华民族伟大复兴的重要支撑。将我们的国家建设成为一个现代文明强国是中华民族自近代以来的奋斗目标。实现中华民族伟大复兴的中国梦,不仅需要在经济发展上实现腾飞,更需要在文明建设上创造辉煌。

中国共产党向来重视文明的发展,毛泽东同志主张:我们不仅要把政治上受压迫转变为政治上民主,经济上受剥削转变为经济上繁荣富裕,而且要把封建文化统治的中国转变成倡导新文化的中国[①]。从邓小平强调"物质文明和精神文明两手抓、两手都要硬",到江泽民提出"社会主义物质文明、政治文明和精神文明协调发展",再到胡锦涛在党的十六届四中全会上提出"社会主义经济建设、政治建设、文化建设、社会建设四位一体"(即"四个文明")和在十七大报告中提出"生态文明",十八大进一步对其完善,提出经济建设、政治建设、文化建设、社会建设、生态文明建设"五位一体"总体布局,中国特色社会主义文明体系已经形成。以习近平为总书记的新一届领导班子,致力于中国梦的实现,号召文艺界人士植根于基层,要有创新精神,创作百姓喜闻乐见的精品,提升文化产品的质量,提高中国的文化软实力,在世界舞台上展现中华文化。

和谐:"和谐"从拆字的角度来看,"和"是由"禾"和"口"构成,意味着与人们的温饱问题有关。"谐"是由"言"和"皆"构成,意味着与人们的说话权利有关。和谐是矛盾着的事物统一的方面,两者相互协调。和谐是中国传统文化的基本理念,是中国人追求的理想社会状态,集中体现了学有所教、劳有所得、病有所医、老有所养、住有所居的生动局面。在日常生活中,我们经常听到"和为贵""和气生财""家和万事兴""天时不如地利,地利不如人和"。在人类历史发展中,和谐社会被视为人们对美好生活的向往和追求,是人们梦寐以求的社会理想。我国历史上产生了不少与社会和谐相关的思想。老子设想"小国寡民",孔子说过"和为贵",墨子提出"兼相爱""爱无差"的理

---

① 强登峰.大学生社会主义核心价值观培育机制的构建研究[D].兰州:兰州交通大学,2016.

想社会方案,孟子描绘了"老吾老以及人之老,幼吾幼以及人之幼"的社会状态,洪秀全"有田同耕、有饭同食、有衣同穿、有钱同使,无处不均匀,无人不饱暖"的社会蓝图,康有为的"人人相亲、人人平等、天下为公"的大同社会理想都体现了和谐是中国人持续推崇的价值观。

和谐是从社会和生态层面对国家价值目标的规定,主要包括人与人、人与社会、人与自然的和谐统一。构建社会主义和谐社会,是中国特色社会主义的本质属性,是每个中国人的共同愿望和美好追求。它是社会主义现代化国家在社会建设领域的价值诉求,是经济社会和谐稳定、持续健康发展的重要保证。

2. 社会层面价值目标

"自由、平等、公正、法治",这是对社会层面所提出的价值取向,反映了中国特色社会主义的本质属性和实践要求,是治党治国、创业创新的重要价值准则,是对美好社会的生动表述和基本要求,是判断现代社会是否既充满活力又协调有序的直观标准,也是从社会层面对社会主义核心价值观基本理念的凝练。它反映了中国特色社会主义的基本属性,是我们党矢志不渝、长期实践的核心价值理念。

自由:是人的意志自由、行动自由的综合体,是人之为人的本质,也是个人的权利、责任和义务的基点。从本源意义上讲,就是人们希望根据自己的意愿无约束地获得利益和幸福的意识和行为,但是,自由不是你想做什么就做什么,只有在一定规则约束之下才有自由。自由是指人的意志自由、存在和发展的自由,是人类社会的美好向往,也是马克思主义追求的社会价值目标。

毛泽东提出:"自由是对必然的认识和对客观世界的改造。"[1]就当前社会主义核心价值观的自由内涵而言,它不只是哲学意义上的抽象概念,其实质是对现实社会人的状态的价值追求,表达着社会自由的内涵,追求的是"人在社会生活中,在法律和道德允许的范围内,

---

[1] 毛泽东.毛泽东著作选读(下册)[M].北京:人民出版社,1986.

各种社会活动和处理各种社会关系时,能够按照自己的需要、利益以及价值观念所形成的意志,决定自己做什么和不做什么,独立自主地决定自己的行动。"①

平等:是人的最基本权利,是处理一切社会关系的最基本准则,是人类追求的一种理想社会状态,关系到公民的尊严和幸福。它指的是公民在法律面前的一律平等,是人类社会的终极目标之一,是现代社会核心价值观的主要内容。它要求尊重和保障人权,人人依法享有平等参与、平等发展的权利。社会主义平等观体现了对每个个体的关爱。正如习近平书记所说:"生活在我们伟大祖国和伟大时代的中国人民,共同享有人生出彩的机会,共同享有梦想成真的机会,共同享有同祖国和时代一起成长与进步的机会。"

我国宪法明确规定:中华人民共和国公民在法律上面一律平等;男女平等的观念始终成为广大人民群众的根本追求。十一届三中全会以来,国家加大了对少数民族地区和弱势群体的照顾,让他们能够享受公民权利平等,相继出台了一系列法律来保障少数民族地区文化事业的发展、民族团结以及弱势群体的利益,如《未成年人保护法》《中华人民共和国残疾人保障法》《中华人民共和国社会保障法》等。国家和社会加大了对弱势群体的保护力度,这些都是中国社会追求平等理念的真切体现②。

公正:是社会公平和正义,即社会生活中的各种事务都符合人们对公平和正义的追求,是一个社会能够良性运行的基本保证,是我国依法治国理念的最终目标。它以人的解放、人的自由平等权利的获得为前提,是国家、社会应然的根本价值理念,是国家昌盛、社会稳定的基础。公正是中国特色社会主义的内在要求和本质特征,是最能体现核心价值观的社会主义性质的价值取向。

---

① 陈尚志.人学原理[M].北京:北京出版社,2005.
② 本书编写组.社会主义核心价值观培训教材[M].北京:新华出版社,2014.

习近平同志在中央政法工作会议上重点强调:"把维护社会的公平正义作为重要任务来抓,把保障人民安居乐业作为根本目的,坚持严格执法、公正司法,积极深化改革,加强和改进政法工作,维护人民群众切身利益,致力于中国梦的实现"①。这表明我们党和国家把保障社会公平正义摆在更加突出的位置。

法治:是相对于人治而言的一种治国理政方式,强调法律制度在国家社会治理中的统治地位,是社会有序运行的基本保障,是现代社会治理的基本途径,是社会走向现代文明的重要标志。依法治国是社会主义民主政治的基本要求,它通过法制建设来维护和保障公民的根本利益,是实现自由平等、公平正义的制度保证。在当代中国,法治作为社会层面的价值取向,就是在党的领导下,坚持科学立法、严格执法、公正司法,全社会学法、遵法、守法、用法。追求有法可依、有法必依、执法必严、违法必究的社会主义法治公平,使法家的"一断于法"有了制度保障。"全面推进依法治国""全面从严治党"的重大战略部署,把权力关进了制度的笼子,让反腐成为了新常态,维护了"法律面前人人平等"的"法"的精神,让再大的"老虎"也要受到法律之剑的惩罚。

3. 个人的价值目标

"爱国、敬业、诚信、友善",这既是个人的价值目标,也是国家和社会对个人提出的行为标准,是从个人层面对社会主义核心价值观进行的概括、总结、凝练,属于公民道德规范范畴。既是个人自我完善的内在需要,也是每个人日常生活的行为准则。

爱国:是个人对祖国依赖关系的深厚情感,也是调节个人与祖国关系的行为准则,是千百年来凝结和巩固起来的对祖国和人民的一种最深厚的思想感情,是对国家命运的责任感之最高体现。爱国是

---

① 杨维汉.坚持严格执法公正司法深化改革,促进社会公平正义保障人民安居乐业[N].人民日报,2014-01-09(1).

每个公民应当遵循的最基本的价值观念和道德准则。中华民族自古以来就有很深厚的爱国传统,爱国是我国优秀传统文化的主要内容,是中华民族精神的核心。爱国、富国、强国、报国、救国都是被世代称颂的高尚美德,卖国、辱国、祸国、乱国、叛国则是为世人所不齿的丑恶行为。它同社会主义紧密结合在一起,要求人们以忠诚、热爱、振兴中华为己任,促进民族团结、维护祖国统一、自觉报效祖国。在经济全球化的今天,同样要强调爱国,这是对每个人的道德要求,也是政治责任、法律义务。

2014年10月15日,习近平在文艺工作座谈会上发表重要讲话时指出:"在社会主义核心价值观中,最深层、最根本、最永恒的是爱国主义。"必须把爱国主义教育作为永恒主题,贯穿国民教育和精神文明建设全过程;必须坚持爱国主义和社会主义相统一,始终围绕实现民族富强、人民幸福而发展,最终汇流于中国特色社会主义;必须维护祖国统一和民族团结,旗帜鲜明地反对分裂国家的图谋、破坏民族团结的言行;必须尊重和传承中华民族历史和文化,不断增强中华民族的归属感、认同感、尊严感、荣誉感;必须坚持立足民族又面向世界,善于从不同文明中寻求智慧、汲取营养,增强中华文明生机活力。

敬业:属于道德范畴,是一个人对自己所从事的工作及学习负责的态度,是对个人作为劳动者在从业活动中对职业道德所提出的基本要求。敬业是职业道德的集中体现,也是职业精神的重要内容,是对公民职业行为准则的价值评价。敬业要求公民树立主人翁责任感、事业心,追求崇高的职业理想;培养认真踏实、恪尽职守、精益求精的工作态度;力求干一行爱一行专一行,努力成为本行业的行家里手;具有积极向上的劳动态度和艰苦奋斗精神,保持高昂的工作热情和务实苦干精神,把对社会的奉献和付出看作无上光荣;自觉抵制腐朽思想的侵蚀,以正确的人生观和价值观指导和调控职业行为。

中华民族历来有"敬业乐群""忠于职守"的传统,敬业是中国人民的传统美德。早在春秋时期,孔子就主张人在一生中始终要勤奋、刻苦,他所说的"执事敬""事思敬""修己以敬"就是引导人们要为事业尽心尽力。职业活动是社会财富的基础,也是个人获取生活来源、实现人生价值的根本途径。在职业活动中,每个从业者只有热爱、敬重自己从事的职业,才能为社会和他人提供满意的服务,实现职业活动的目标。

诚信:即诚实守信,强调人与人之间应该真诚相待,言而有信。诚信是个合成词,是由诚和信构成。在《中庸》里面,诚是一个范畴,是天之道,又叫至诚之道,是天赋予人的本性与道理。至诚的人,不仅自己取得成就,而且自觉及于万物,形于他人,成就自己和他人。求诚的人,择理明善,追求生命的崇高境界。《说文解字》指出:"信,诚也;诚,信也。"可见,诚、信两个字都有诚实不欺之义。诚实守信是中华民族的传统美德。《书·康王》中有"信用昭昭明于天下",《周易》中有"允哉允哉,以言非信,则百事不满也"的记载。《论语》中,信也是反复出现,说明儒家对诚信的重视程度。中华文化坚守诚信道德准则,是中华文化的一种优良传统,是中华民族的一种精神特质。

诚信是人与人相处的最基本的行为准则,也是一个社会能够正常运行的最低要求,是人类社会千百年传承下来的道德传统,也是社会主义道德建设的重点内容,它强调诚实劳动、信守承诺、诚恳待人。诚信既有道德的约束,也有法律的约束,在社会主义市场经济大潮中和社会结构转型中,信用既是行为,又是"资本",受到了经济秩序和社会秩序的双重制约。

友善:即友爱善良,包括善待他人、善待社会、善待自然。友善在化解社会矛盾、调整社会心态、营造社会和谐的实践中具有基础性地位,强调公民之间应互相尊重、互相关心、互相帮助,和睦友好,努力形成社会主义的新型人际关系。全面建成社会主义小康社会离不开友善,实现中华民族的伟大复兴,实现中国梦,都离不开友善的力量。

大圣人孔子将善作为衡量个体道德修养,协调人际关系,乃至安邦定国的关键要素。《论语·颜渊》:"君子成人之美,不成人之恶。

小人反是。"意思是说，君子成全人家的好事，不帮助别人做坏事，小人相反。孔子把善作为君子与小人的区别标志。我们所熟知的"学而时习之，不亦说乎？有朋自远方来，不亦乐乎？人不知而不愠，不亦君子乎？"就是孔子重视人际关系的和谐，注重友爱与友情，与人为善，成人之美的证明。《论语·颜渊》中记载鲁国的权臣季康子问政于孔子曰："如杀无道，以就有道，何如？"孔子对曰："子为政，焉用杀？子欲善，而民善矣。君子之德风，小人之德草。草上之风，必偃。"孔子认为，政治不能靠刑杀来威服百姓，而重在采用善政来感化百姓。儒家将个体的友善推广到治理天下，便形成了天下为公的思想。这是中国古代最为精彩的执政理念。

　　孟子倡导"老吾老以及人之老，幼吾幼以及人之幼"，老子倡导"上善若水。水善利万物而不争，处众人之所恶，故几于道。居，善地；心，善渊；与，善仁；言，善信；政，善治；事，善能；动，善时。夫唯不争，故无尤。""上善若水"、与人为善既是利人也是利己的一种美德与人生智慧，是中国古代倡导的一种人生智慧。今天的中国在国际上发挥负责任大国作用，积极参与全球治理体系改革和建设，为解决人类问题贡献中国智慧和中国方案，坚持和平发展道路，推动构建人类命运共同体即是友善的最佳体现。

第三章 高职高专院校大学生社会主义核心价值观培育与践行的现状

第一节 加强高职高专院校大学生社会主义核心价值观培育与践行的意义

党的十八大报告、十九大报告以及习近平总书记8·19重要讲话明确提出"积极培育和践行社会主义核心价值观",《关于培育和践行社会主义核心价值观的意见》指出"面对世界范围思想文化交流交融交锋形势下价值观较量的新态势,面对改革开放和发展社会主义市场经济条件下思想意识多元多样多变的新特点,积极培育和践行社会主义核心价值观,对于巩固马克思主义在意识形态领域的指导地位、巩固全党全国人民团结奋斗的共同思想基础,对于促进人的全面发展、引领社会全面进步,对于集聚全面建成小康社会、实现中华民族伟大复兴中国梦的强大正能量,具有重要现实意义和深远历史意义。"①

社会主义核心价值观教育关乎中国特色社会主义大学的性质、办学方向与办学目标。高校肩负着培养中国特色社会主义事业建设者和接班人的重大任务。坚持弘扬和践行社会主义核心价值观,贯

---

① 中共中央办公厅.关于培育和践行社会主义核心价值观的意见[M].北京:人民出版社,2013.

彻落实其基本精神和内在要求,是高等教育坚持中国特色社会主义共同理想和共产主义崇高理想,体现国家教育意志、教育理念和教育方针的根本要求。

(一)实现国家伟大复兴的需要

人民有信仰,国家才有力量。一个国家的强盛,离不开精神的支撑,一个民族的进步,有赖于文明的进步。精神立则人格立,精神强则国家强。红军长征途中,红军师以上干部的年龄绝大部分都在二三十岁,红军将领的平均年龄仅25岁。长征,是一群年轻人走出来的。然而,正是这群年轻人,在长征途中转战14个省份,走遍了大半个中国。其中,跟随中央红军的他们渡过大江大河20余条,翻越崇山峻岭40余座,有5条山脉终年积雪,平均海拔5 000米左右,并攻占县城100余座。这群20岁上下的年轻人,平均每天行军约37公里,每行进300米就有1人献出生命。在中央红军300余天的行军途中,15个整天在打大决战,平均每天都有1次遭遇战,在极其艰苦恶劣的生存环境下,他们抗击着敌人10多支部队数十万大军的围追堵截,一直到走出困境走向胜利。长征胜利靠的是什么?就在于有坚定不移、百折不挠的革命理想信念,那时候大家只有一个思想,就是无论如何也要克服困难,为自己的理想奋斗到底,没有理想,不用说万里长征,红军连一千里都走不了。①

这就是精神的力量。对一个国家而言,核心价值观是凝聚民族力量的精神纽带,是体现国家意志和民族精神的价值坐标。一个国家和民族,贫穷落后固然可怕,但更可怕的是精神荒芜。没有理想信念,精神缺钙,就会得"软骨病",就会止步不前,甚至堕落退化。自改革开放以来,中国取得举世瞩目的成就,"中国模式""中国速度""中国故事"成为世界关注的焦点。到2010年,中国已经成为世界第二大经济体、第一大贸易国。但与中国经济实力的发展相比,文化的影

---

① 李昌禹.没有理想信念红军连一千里都走不了[N].人民日报,2016-10-30(6).

响力和文化的软实力没能并驾齐驱、同步繁荣,文化力量尚需增强,文化自觉、文化自信、文化自强尚需提升。2014年5月4日,习近平总书记在北京大学师生座谈会上发表的讲话中指出:核心价值观,其实就是一种德,既是个人的德,也是一种大德,就是国家的德,社会的德。① 国无德不兴,人无德不立,"国家的德""社会的德""个人的德",从三个层面回答了我们要建设什么样的国家、建设什么样的社会、培养什么样的人的重大问题。核心价值观建设,说到底是人的思想建设、灵魂建设,聚焦的是造就具有正确世界观、人生观、价值观的社会主义建设者。如果一个民族、一个国家没有共同的核心价值观,莫衷一是,那这个民族、这个国家就无法前进。建设中国特色社会主义,实现中华民族伟大复兴,需要全体中国人,尤其是祖国的未来当今的大学生们积极培育和践行社会主义核心价值观。

(二)增强大众凝聚力的需要

社会是人的社会,社会是由一个个具体的人组成的,离开了个人也就没有社会;个人是社会的个人,个人是社会关系中的存在,没有社会也同样没有个人。社会主义核心价值观能增强大众凝聚力,其一在于社会主义核心价值观具有鲜明的价值导向,推动道德建设;其二在于形成道德意识和道德责任,促进道德建设,形成道德建设正能量;其三在于能够转化为大众的道德建设自觉和道德建设动力,把社会主义核心价值观内化为大众的精神追求。这是道德建设的最高境界,也是增强大众凝聚力的必然要求。国家倡导的核心价值观成为大众的精神追求,就能形成凝聚力,成为社会和谐、国家发展的永恒精神力量。国家践行富强、民主、文明、和谐之德;社会践行自由、平等、公正、法制之德;公民践行爱国、敬业、诚信、友善之德,德入民心,进入明大德、守公德、严私德的境界,整个社会的凝聚力就形成了。

---

① 国务院新闻办公室会同中共中央文献研究室,中国外文局. 习近平谈治国理政[M]. 北京:外文出版社,2014.

大学生是推动社会发展的动力和国家建设的希望,是最活跃的一股力量,也是培育和践行社会主义核心价值观的可靠原动力,他们信仰什么主义、举什么旗、走什么路,决定未来国家和民族的命运。大学生道德建设的提升,对增强大众凝聚力有着巨大的意义和力量。

(三) 培育职业精神的需要

职业教育的根本任务是培养数以亿计的高素质技术技能人才,而高素质的关键在于从业者具有自发性的职业投入感和自律性的职业使命感。职业精神是技术技能的伦理向度,能推动道德从"理性状态"走向"知行合一",能养成人们的道德习惯和恒定性格,能促使人们对技术技能极致与完美状态的持续追求是个体自我实现、能力螺旋上升的动力源泉,也是技术技能人才职业幸福感和自豪感的重要来源。因此,职业精神的培养是职业教育的根本任务和职责所在[①]。

现在全社会范围内大力提倡"工匠精神",这是一种对工作执著、对所做的事情和生产的产品精益求精、精雕细琢的职业精神。中国自古具备匠人气质,各行各业均以"匠人"之名冠之,比如老师称为教书匠,理发师称为剃头匠。中国曾是世界上最大的原创之国、"匠品"出口国和匠人之国,如古代的丝绸、瓷器、茶叶、漆器、金银器、壁纸等产品都是世界各国王宫贵族和富裕阶层的宠儿。各行各业也涌现出著名的"匠人",如先秦的鲁班,明朝的李时珍、徐霞客、宋应星。

在如今,大师被称为"巨匠",单单一个"匠"字,就反映了整个社会对于"工匠精神"的追求。缺乏"工匠精神",损害的是国家利益,浪费的是社会资源,恶化的是生活品质。宣扬"工匠精神",就是宣扬一种敬业奉献、求真务实、精益求精的职业精神。社会主义核心价值观的成功培育将有助于精益求精、严谨、耐心、专注、坚持、敬业的"工匠精神"内化为个人内在的素质和巨大的生产力。

---

① 匡瑛.论职业教育培养职业精神的必要性[J].江苏教育(职业教育),2015(12):13-16.

(四) 推进思想政治教育取得实效的需要

社会主义核心价值观,是一种基于中国意识形态、中国历史传承,符合中国社会国情和长远发展的,具有历史性、现实性和未来性的稳定的价值观。它是建立在资本主义核心价值观的合理内核、中国优秀传统文化的理性价值和马克思主义核心价值观基础上创新的新型价值观。它与思想政治教育的价值理想和追求相契合,为思想政治教育奠定了坚实的环境基础和哲学基础。对大学生进行社会主义核心价值观培育,不仅可以为大学生思想政治教育提供有效的理论支撑,而且对于进一步创新高校思想政治教育工作,更好地塑造当代大学生积极向上的人生价值观具有十分重要的现实意义。高校要承担起培养社会主义事业的合格建设者和可靠接班人的重任,就必须在充分认识大学生社会主义核心价值观教育必要性的基础上,积极探索和寻求加强社会主义核心价值观教育的有效途径和方式方法,将引导体系和自我教育结合起来,引导大学生正确处理好个人利益与集体利益、局部利益与整体利益的关系,整合思想教育的各种要素,形成教育的合力。

(五) 推进价值观教育培养规律的需要

高职高专院校大学生核心价值观培育与践行是我国高校价值观教育培养的需要。高职高专院校大学生社会主义核心价值观培育研究是青年思想政治教育研究的重要组成部分,是社会主义核心价值观培育的基础和重要环节,对于巩固马克思主义意识形态的地位,正确引领中国社会思潮的方向具有十分重要的政治意义和战略意义。

高职高专院校大学生核心价值观培育与践行有助于我们认识、把握高职高专大学生核心价值观的现状、基本内容、形成原因,揭示高职高专大学生核心价值观形成发展变化的规律及其教育培养的规律。通过高职高专院校大学生核心价值观培育与践行,找出高职高专大学生核心价值观教育培养中的薄弱环节,将有助于高职高专大学生核心价值观教育培养理论与实践紧密结合,推动高职高专大学生核心价值观教育培养科学化,提高高职高专大学生核心价值观教育培养的实效性,可以为高职高专大学生核心价值观教育及其培养提供可靠的科研依据。

高职高专院校大学生核心价值观培育与践行有助于深化大学生价值观研究,进一步丰富、发展、完善大学生价值观教育培养理论。学术界对于21世纪当代中国大学生价值观,特别是大学生核心价值观的研究尚存在不足。因此,加强高职高专大学生核心价值观培育与践行,有助于进一步丰富、发展、完善大学生价值观教育理论,提高研究质量和水平,也可以为有关学科的理论建设积累资料,并为广大实践工作者提供科学的教育和研究大学生价值观的有效工具。

(六) 学生成长成才的需要

习近平总书记在主持中共中央政治局第十三次集体学习时强调,要切实把社会主义核心价值观贯穿于社会生活方方面面,"要从娃娃抓起、从学校抓起,做到进教材、进课堂、进头脑。要润物细无声,运用各类文化形式,生动具体地表现社会主义核心价值观,用高质量高水平的作品形象地告诉人们什么是真善美,什么是假恶丑,什么是值得肯定和赞扬的,什么是必须反对和否定的。"①

用科学的世界观、人生观、价值观指导大学生的学习、生活和工作,既是保证大学生个体各方面协调发展、全面发展的条件,也是人类生存和社会发展的必然要求。高职高专院校大学生核心价值观培育与践行可以充分发挥高校思想政治教育在化解大学生价值观冲突中的作用。大学生正处在价值观形成的关键时期,阅历浅,分析现象、剖析问题欠深入,易受到拜金、享乐、实用各类错误思潮以及浮躁、急功近利等腐朽思想的冲击与影响,尤其农村生源是高职高专院校的主力军,父母接受教育的程度整体偏低,来自父母的科学引导不

---

① 国务院新闻办公室会同中共中央研究室,中国外文局. 习近平谈治国理政[M]. 北京:外文出版社,2014.

能满足正确价值观形成的需要。社会主义核心价值观的培育与践行可以避免高职高专大学生迷失方向甚至裂变的情况，为高职高专大学生正确价值观的形成提供重要保障和有效途径。

第二节 高职高专院校大学生社会主义核心价值观培育与践行的挑战

（一）西方文化和价值观的影响

在世界政治格局多极化的今天，中国已然成为一支举足轻重的关键力量。今天的世界发展趋势总体上趋向和平与发展，但霸权主义和强权政治并没有因世界政治格局的多极化而消失，资本主义阵营从未放弃过对社会主义阵营进行影响和干扰，西方敌对势力利用政治、经济、文化等手段对我国进行西化、分化，进行和平演变，西方文化和价值观的渗透影响大学生对社会主义意识形态的认同、对社会主义道路的认同、对伟大中华民族的认同，从而对大学生社会主义核心价值观培育与践行带来挑战。

一方面，西方资本主义国家通过文化渗透、文化侵略逐步降低我国人民对中华民族优秀传统文化的认同度，削弱中华民族传统文化的魅力和影响力。他们利用网络、新闻传播媒介、影视音像制品等文化资源渗透、传播西方文化价值观。他们组织职业写手日夜编撰成千上万的文章和段子来侵蚀中国人的民族自信心，如"中国崩溃论""中国威胁论"，这些桥段引经据典、娓娓道来，迎合中国人对国家爱之深责之切的心情，犹如精神鸦片摧毁中国人的国家自信、道路自信、制度自信、民族自信、文化自信甚至是个人互信。

另一方面，在经济全球化、政治多元化的新形势下，西方历史虚无主义、民粹主义、普世价值论、新自由主义等社会思潮涌入，对我国意识形态建设和核心价值观构建带来冲击和挑战。大学生正处于世界观和价值观形成的重要时期,由于年龄、阅历等因素,他们对各种主义、学说认识不深,对复杂的国际政治经济形势分析不够,对党的历史和国家的国情了解不透,容易受到西方文化渗透和意识形态领域战略图谋的影响,容易在思想上产生混乱,发生价值选择上的冲突,出现盲目崇拜西方文化和价值观的问题。甚至认为资本主义制度比社会主义制度优越,"外国的月亮比中国的圆"。对坚定走马克思主义道路,坚持中国特色社会主义理想信念产生困惑与怀疑,对为共产主义事业奋斗的崇高理想和脚踏实地建设中国社会主义事业的决心产生动摇。影响大学生的道路自信、理论自信、制度自信、文化自信,进而影响他们对社会主义核心价值观的认同和践行。另外,西方社会思潮鼓吹"个人自由""保障人权",灌输"个人至上""唯我独尊"的价值取向等,致使部分大学生以自我为中心,个人意识彰显,把个体利益放在第一位,集体主义淡化,甚至为达到个人目的不择手段,人与人之间缺乏友爱,人际关系变得淡漠,当个人利益与集体利益相冲突的时候,优先考虑个人利益得失,甚至不惜牺牲集体利益来谋取个人利益。

(二)现代化社会进程转型的影响

在全面深化改革的新形势下,在"四个全面"战略布局的规划和引领下,以习近平总书记为代表的党中央领导人民勇担改革开放攻坚克难的重要使命。当前我国经济发展处于增长速度换档期、结构调整阵痛期、前期刺激政策消化期三者叠加的新阶段。① 不仅仅是经济,其他许多方面也正处于爬坡过坎阶段、处于阵痛期。且目前的阵痛期有自己的新常态,它涉及面更广,涉及各地区、各部门、各行各业以至每个人,涉及经济社会各个方面;程度更深,既有利益关系调整,又有社会结构改变,既影响生活方式,又触及灵魂深处。在这样的转型时期,新旧体制转换,利益格局、社会结构、思想观念产生深刻变

---

① 郑剑.思想纵横:阵痛期考验[N].人民日报,2014-12-18(7).

革,矛盾大量涌现。

螺旋式上升、波浪式前进,本来就是事物发展的规律,国家发展也不例外。但很多学生不能科学认识变革中客观存在的问题,对社会公正理论与贫富悬殊的现实、人民当家做主理论与官本位思想存在的现实、人民公仆理论与腐败现象严重存在的现实产生怀疑,对树立正确理想信念产生认识上的障碍,信心、信念和信仰受到冲击。有的学生进入大学后缺乏学习目标和价值追求,没有树立科学的"三观",生活空虚、无所事事;有的大学生对待学习、生活的态度以及人际交往方式发生了深刻变化;有的大学生在恋爱婚姻观等问题上出现价值观错位与道德缺失。社会上的拜金主义、享乐主义、极端个人主义思想都直接削弱了大学生对社会主义核心价值观的接受和认同。社会转型期是各种价值观碰撞、交锋、较量、更新和塑造的时期,容易使大学生在价值观方面产生诸多迷茫、困惑和疑虑,迫切需要社会主义核心价值观加以强有力的引导。

(三)市场经济对精神领域的负面影响

市场经济是把双刃剑,它在给我国经济带来翻天覆地变化的同时,在思想价值观念领域也发挥着它无形的负面效应。一是市场经济条件下片面逐利导致个人主义的膨胀。市场经济追求利润的最大化,这点容易导致一部分人为了片面追求个人利益而陷入极端个人主义、见利忘义、不择手段,制假贩假、坑害人民,损害社会,从而导致社会责任感和良知的弱化、萎缩直至完全丧失。二是市场经济诱发拜金主义。市场经济是一种交换经济,它通过物与物的交换来表现人与人之间的关系,货币作为固定充当一般等价物的商品,被无限地崇拜和追逐,"一切为人民币服务",金钱至上,使人成为金钱的奴隶。三是导致享乐主义的滋长。市场经济的发展,提高了人们的生活水平,物质极大丰富,人的贪欲被激化,"人生在世,吃喝二字",及时行乐、追求享乐的价值观被追捧。我国现在正处于社会主义市场经济不断完善的关键时期。市场经济对我国各阶层群体思想和价值观的形成和发展有着不同程度的影响,特别是对思想活跃、精力充沛的大学生群体影响更大。

大学阶段是大学生的世界观、人生观和价值观形成、发展和成熟的重要时期,大学生如果不会理性地、辩证地看待市场经济,那么其价值观形成和发展过程必然在很大程度上受市场经济负面效应的影响。如果没有正确的引导,就会造成部分大学生以自我为中心,淡薄集体主义观念。当前,已有不少的大学生以社会地位高低、权力大小、赚钱的多少作为衡量人生价值实现的标准。这种价值观导致大学生缺乏远大的理想和信念,缺乏奉献他人、服务社会的集体主义观念和社会责任感。主体意识自社会本位转向了个人本位,大学生一旦形成实用主义价值观念,引导他们对社会主义核心价值观的认同和践行就需要花费更多的时间和精力。

(四) 大学生价值观处于不稳定期

大学阶段是价值观最后成形的关键时期,由于受到不同文化、社会思潮、社会现实的交叉影响,大学生价值观依然处于矛盾、冲突、波动、患得患失的状态中,大学生在价值观形成、塑造上存在迷茫和困惑。同时,由于社会阅历、人生经验的缺乏和西方文化思潮的影响,大学生对社会主义核心价值观的认识存在片面性,不同年级、不同专业的大学生个体对社会主义核心价值观的认知度、理解度、接受度上参差不齐。一般来说,大学生对贴近自己生活实际的价值观念比较容易接受,认同程度相对较高,而对与自己的现实生活和个人利益关系不太大的价值观念就难以接受,认同度低一些。

(五) 大学生践行社会主义核心价值观的知与行难统一

孔子主张"学而时习之""听其言观其行""君子耻其言过其行",反对言过其实、有言不行,并且以言行不一、言过其行为耻,强调行的重要性。王阳明明确提出"知行合一",认为"知是行之始,行是知之成。"其含义是知中有行,行中有知,二者互相依存、不可分离,"知"离不开"行","行"也离不开"知"。习近平向来重视"知行合一"。2009

年4月1日习近平在河南调研时,兴致勃勃地来到学生自发组织的以"知行合一、报效祖国"为主题的理论研讨会会场,与大学生们进行交流和探讨。2013年7月11日至12日,习近平在河北省调研指导党的群众路线教育实践活动时强调"以知促行,以行促知,知行合一"。2014年1月,习近平在中央党的群众路线教育实践活动第一批总结暨第二批部署会议上强调"知是基础、是前提,行是重点、是关键,必须以知促行、以行促知,做到知行合一"。2014年3月25日,习近平发表在《费加罗报》的署名文章中指出,中国人讲"知行合一",法国人讲"打铁方能成铁匠",都强调要把思想转化成为行动。2014年5月4日,习近平在考察北京大学时勉励大学生"道不可坐论,德不能空谈。于实处用力,从知行合一上下功夫,核心价值观才能内化为人们的精神追求,外化为人们的自觉行动"。2014年5月24日,习近平在上海考察时强调,培育和践行社会主义核心价值观,贵在坚持知行合一、坚持行胜于言。①

社会主义核心价值观的生命力在于实践,实践是社会主义核心价值观永葆生机的关键所在。《尚书》提出"知之非艰,行之惟艰",反映了儒家原典最早的知行观点,也就是知易行难。大学生认同与践行社会主义核心价值观的过程实质上就是由知转化为行,由行转化为知的循环过程。但在实际中,大学生对社会主义核心价值观知行统一存在三方面的问题:一是对社会主义核心价值观的认同更多的是停留在认知层面,还没有上升到情感认同层面;二是不知如何践行,缺乏有效引领;三是希望能按照社会主义核心价值观的指引去规范引领自己的成长,但在得失之间,尤其是当自己的利益受到损害或自己的付出没有得到社会认可时,思想上就会发生转化,在行为选择上趋于务实,和社会主义核心价值观的要求背道而驰。

---

① 程大中.习近平治国理政思想中的"知行合一"[EB/OL].[2016-01-27]. http://theory.gmw.cn/2016-01/27/content_18677349.htm.

(六) 文化多样化的挑战

西方社会思潮,纷繁复杂,流派众多,观点各异,个人主义、新自由主义、功利主义、享乐主义、消费主义、民族主义、历史虚无主义、后现代主义、民主社会主义、文化保守主义等对当代大学生产生影响。2012年11月8日,中国共产党第十八次全国代表大会报告中指出:"文化是民族的血脉,是人民的精神家园。"首次提出了"文化多样化"的观点,并指出世界文化多样化持续推进,保持国际形势总体稳定具备更多有利条件。文化多样化是人类文明进步的重要动力,维护和促进世界文化多样化是大多数国家的共同愿望。中国是维护世界文化多样性的倡导者、践行者。中国文化自古遵循"和而不同",就是尊重文化的差异性和多样性。"各美其美,美人之美,美美与共,天下大同",构成了当代中国推动人类文明多样性进程的不懈追求。

在世界文化多样化的过程中,面对异彩纷呈的各种文化,处于价值观形成时期的大学生难免眼花缭乱,从而影响他们核心价值观的形成。首先,文化多元,错综复杂,相互交织,当大学生在进行选择的时候,会无所适从;其次,各种文化相互影响,一些敌对势力会借助比较隐蔽的文化艺术的方式来传播他们的价值观,而大学生缺乏社会经验,容易受到蒙蔽和误导,影响大学生对社会主义核心价值观的认同与践行。

(七) 社会信息化的挑战

社会信息化以计算机信息处理技术和传输手段影响和改造社会生活方式与管理方式,渗透到社会生活的各个领域,对人们的学习方式、生活方式、交往方式、思维方式等,都产生了极其深刻的影响。社会信息化是把双刃剑,对大学生学习而言,既因提供了更多的学习资源,激发和方便大学生的自主学习,又因海量信息,鱼龙混杂,泥沙俱下,难辨真假,容易错误引导学生,产生负面影响。而大学生所处的年龄,恰是对新鲜、叛逆、否定的观念理论产生兴趣和好奇的年龄,负面信息的广泛传播,为各种不良信息提供了可乘之机。在信息网络化条件下,信息传播具有开放性、隐蔽性、即时性、交互性等特点,为大学生自由选择、传播、利用这些信息提供了极大的方便,从而使教育者很难及时掌控这些信息,对课堂阵地的教育成果也产生负面影响。这些对社会主义核心价值观的主导性带来冲击,对培育大学生社会主义核心价值观提出了新的挑战,在一定程度上降低了大学生社会主义核心价值观培育的可控性。

(八) 贫富差距的挑战

改革开放以来,我国城乡经济社会都得到了快速发展,社会财富总量急剧增加。虽然党和政府不断加大再分配调节力度,着力解决收入分配差距较大问题,但由于各种原因,我国目前居民收入分配差距问题依然严重。国家统计局发布的数据显示,2012—2016 年,中国居民收入的基尼系数分别为 0.474、0.473、0.469、0.462、0.465[①],均超过收入分配差距的"警戒线"0.4,这种社会现实直接投射在大学生中,使大学生贫富差距日益明显。贫富差距进一步拉大给大学生社会主义核心价值观培育带来很多问题:一是贫困大学生对"平等、公正"等社会主义核心价值观产生怀疑;二是对大学生学习价值观产生影响,从务虚转向务实,学习功利主义突出,只愿意学习在当下认为是有用的知识,热衷于学习未来步入社会的各种实用性课程,积极甚至是盲目考证,普遍存在忽视思想政治理论课和专业基础理论课的现象,忽视"三观"世界的培育与成长;三是把拥有金钱的多少作为衡量幸福的主要标准,应具有的道德修养、人格魅力以及对真善美追求的精神被丢弃;四是攀比,过度消费,把消费水平的高低视为衡量贫富差距的指标,为了满足虚荣心,富裕的大学生不惜挥霍,贫困的大学生出于自尊心和面子,借钱甚至借贷攀比,"量入为出,合理消费"和"勤俭节约,艰苦奋斗"的消费价值观被丢弃。大学阶段正是大

---

① 中国新闻网.统计局:2016 年基尼系数为 0.465 较 2015 年有所上升[EB/OL]. [2017-01-20]. http://www.chinanews.com/cj/2017/01-20/8130559.shtml.

学生世界观、人生观、价值观形成的关键时期,这种经济上的贫富差距深刻地影响着大学生价值观的形成和发展。

第三节　高职高专院校大学生社会主义核心价值观培育与践行存在的问题

(一) 培育途径创新不够

从当前的现实情况来看,对大学生社会主义核心价值观的培育主要通过思想政治理论课、党团组织建设、校园文化建设和网络新媒体等四种途径,且以前三种为主要途径。思想政治理论课作为价值观培育的主要渠道,在不少高校,理论灌输内容枯燥、形式单一,缺乏生机与活力。一言堂、说教式教学依然存在。在学生可以通过微博、微信、视频等获取各种鲜活信息的今天,如果仅仅依靠传统方式的"灌输",效果差强人意。尽管充分通过网络新媒体丰富大学生社会主义核心价值观培育可以得到共识和认可,但在具体实践中,与大学生的需求相差甚远,发展存在一定的滞后性,没有与时俱进。

(二) 培育方式亲民程度不够

核心价值观虽然只有 24 个字,但内容却十分丰富和深刻,需要通过人物、事件、故事、案例、活动、互动等多样形式进行解读,方能使之大众化、通俗化和群众化,让大学生听得懂、记得住。习近平同志给青年学生讲青年树立核心价值观时说,"这就像穿衣服扣扣子一样,如果第一粒扣子扣错了,剩余的扣子都会扣错。人生的扣子从一开始就要扣好。"这样通俗化的讲解核心价值观形象、生动、易记,每一个人都会记得牢。但在高校中,课堂教学内容及设计,校园文化活动及参与往往从施教者立场出发,对当下大学生缺乏了解,教学案例陈旧、教学资料滞后,校园文化活动存在载体单一、活动内容简单重复的问题,学生缺乏参与性、积极性。如何用大学生的语言、思维、兴趣点进行沟通、传输,如何让大学生更好地感知、领悟、认同、践行社会主义核心价值观,这是高校提高培育与践行社会主义核心价值观实效需要共同思考的问题。

(三)认同度不高

在调查过程中,通过分析发现:虽然在校大学生对社会主义核心价值观的认知度较高,但认同度不高。对社会主义核心价值观缺乏理解、认同和感情共鸣,甚至有部分学生认为社会主义核心价值观培育是没有必要的,是形式主义的表现。这种情况的出现,与大学生自身的个性差异不无关系,大学生正处于生理和心理发育的关键时期,批判、逆反、崇尚自由的观念让其在政治教育面前显得"狂放不羁";在大学生的整个成长过程中,爱国主义、集体主义和传统道德教育一直贯穿始末,随着个体年龄的增长和社会经历的增加,内心的抵触情绪和主流宣传教育发生碰撞,冲击了大学生社会主义核心价值观的养成。

(四)育人者育人能力参差不齐

习近平强调:"教师是人类灵魂的工程师,承担着神圣使命。传道者自己首先要明道、信道。高校教师要坚持教育者先受教育,努力成为先进思想文化的传播者、党执政的坚定支持者,更好担起学生健康成长指导者和引路人的责任。"[1]高校承担马克思主义理论教育的教师必须具有坚定的理想信念和良好的理论素养,对马克思主义要真学、真懂、真信、真用,做到教师认同、课程认同、价值认同,才能"以自己的火点燃别人的火",才能由内而外散发定力、吸引力,才能做到以理服人、以情动人,不断增强马克思主义理论教育的说服力和感召力。

但在实际教学中,目前高校多数思想理论课教师存在几个突出

---

[1] 张烁.把思想政治工作贯穿教育教学全过程开创我国高等教育事业发展新局面[N].人民日报,2016-12-09(1).

的问题:一是较专业课教师而言,缺乏依托现代科学信息技术平台丰富活跃教学内容和形式的意识。二是缺乏对社会主义核心价值观理论知识的钻研,如果自己对马克思主义不求甚解或将信将疑,就不可能去说服学生。三是对社会主义核心价值观内容的讲解抽象。很少结合国际国内时事、社会热点问题和学生最关心的问题来展开讲解,也不善于利用学校所在城市周围的自然资源、历史资源和文化资源,缺少在课堂上与学生的双向互动。

(五)培育与践行紧密度不够

培育是指使某种感情得到发展,培育的目的是激发在校大学生认同和践行社会主义核心价值观的理论自觉、意识自觉、价值观自觉,这是在校大学生将社会主义核心价值观内化于心的过程;践行是指用实际行动去做某些事,践行的目的是促进在校大学生认同和践行社会主义核心价值观的理论转化、能力提升、成效检验,这是在校大学生将社会主义核心价值观外化于行的过程。培育和践行是在校大学生社会主义核心价值观理论探索和实践养成的重要路径选择,二者是相辅相成、不可分割的辩证统一体。没有培育的践行是盲目的,没有践行的培育是空洞的。社会主义核心价值观的 24 字内涵是中国共产党在历史和现实交汇时适时地从国家、集体、个人三个价值层面总结凝练而提出的。在校大学生应该首先通过理性上的认知和情感上的认同,将社会主义核心价值观内化为自身的精神追求,要实现这样的目标就需要培育工作的有效开展。在新形势下通过准确、有效的培育工作使在校大学生真正地融社会主义核心价值观的"三个倡导"于自身的价值选择,使在校大学生的价值观念趋同于社会主义核心价值观,用社会主义核心价值观引领在校大学生的成长成才。如果在校大学生在培育和践行社会主义核心价值观的过程中只是一味地追求实践层面的操作而忽视理论的指导和凝练,在校大学生社会主义核心价值观培育与践行工作就会盲目任性、失去方向。"纸上得来终觉浅,绝知此事要躬行",理论的掌握最终是需要运用到实践中去的。社会主义核心价值观是社会主义本质的价值体现和社会主义意识形态的核心内容,是社会主义现代化建设的目标,目标的实现需要通过行动来落实。在校大学生培育和践行社会主义核心价值观最后应该落脚到实践的自觉、自主开展,将社会主义核心价值观外化为自觉行动,要达到这样的效果就需要践行工作的有效开展。在新形势下,通过广泛、实效的践行工作,使在校大学生知道如何培育与践行社会主义核心价值观,真正实现社会主义核心价值观从理论到实践的成效转化,从而发挥意识形态对社会存在的能动的反作用。如果在校大学生在培育与践行社会主义核心价值观的过程中只是一味地追求理论的探索而忽视实践的评价和反馈,在校大学生社会主义核心价值观培育与践行工作就会空洞乏味、停滞不前。

2014年1月6日,刘云山在《着力培育和践行社会主义核心价值观》的讲话中指出:"核心价值观的生命力在于实践,在于每一个社会成员自觉行动。参与面越广,践行核心价值观的社会基础就越深厚。培育和践行核心价值观,必须坚持教育和实践两手抓,以教育引导实践、以实践深化教育。"[①]社会实践活动是大学生认同社会主义核心价值观的重要途径,也是大学生践行社会主义核心价值观的基本方式。但高校在组织社会实践的过程中,还存在不少问题。首先,大学生社会实践缺乏体系化管理。大学生社会实践活动比较零散,比较随意,大多数高校没有把大学生社会实践纳入到教学课程体系之中,对它缺乏整体规划和系统的过程设计,没有一套完整的管理制度、考核制度和评估制度,影响了结合社会实践进行社会主义核心价值观教育的效果。其次,学校、教师和家长比较注重社会实践活动对学生专业技能的应用和提高,而忽视了社会实践活动中加强社会主义核心价值观的教育。

---

① 刘云山.着力培育和践行社会主义核心价值观[EB/OL].[2014-1-30]. http://theory.people.com.cn/n/2014/0130/c83848-24267760.html.

(六) 校园文化育人作用需加强

校园文化是大学生认同与践行社会主义核心价值观重要的载体，它对大学生形成社会主义核心价值观念具有潜移默化的作用，是实现隐性功能育人的重要途径。虽然校园文化建设在丰富校园生活、延伸第二课堂上取得优秀的成绩，在大学生社会主义核心价值观教育中发挥了重要作用，但是，校园文化价值取向的功利化、实用化突出，庸俗文化在校园文化中占有较大空间，校园文化活动重形式、轻内容，重娱乐、轻育人，显性有余，隐性不足，复制率高、创新度低等一系列问题，需要进一步加强建设。

(七) 全员参与程度不高

长期以来，高校大学生思想政治教育面临"孤岛"困境，思政教育与通识教育、专业教学往往"两张皮"，不能融会贯通。一些专业课教师认为思想政治教育和社会主义核心价值观培育践行是思想政治教育授课教师、学生工作人员、学校领导的事，专业授课教师负责专业知识技能传授即可，思想政治教育存在"单兵种作战""专人作战"、全员参与程度不高的问题。

第四章 高职高专院校大学生社会主义核心价值观现状调查与分析

为深入了解高职高专学生的价值观现状,提升社会主义核心价值观培育与践行的针对性与实效性,笔者所在单位于2012—2014年连续三年在高职高专一年级学生中开展价值观现状调查与分析,调查采取问卷、无记名、封闭式答题方式完成,调查由专人负责组织学生以班级为单位到机房统一在线完成。2012—2014年回收有效问卷分别为2 169份、1 948份、2 192份,回收有效率为98.8%、98.2%、99.4%。

第一节 大学生价值观调查结果

1. 样本选取基本情况

表4-1 性别及家庭所在地

项目	具体选项	人数(人)			比率(%)		
		2012	2013	2014	2012	2013	2014
性别	女	1 700	1 552	1 789	78.4	79.7	81.6
	男	469	396	403	21.6	20.3	18.4

续表 4-1

项目	具体选项	人数（人）			比率（%）		
		2012	2013	2014	2012	2013	2014
家庭所在地	直辖市或省会城市	107	90	88	4.9	4.6	4.0
	中等城市	241	171	208	11.1	8.8	9.5
	县城	338	355	406	15.6	18.2	18.5
	农村	1 484	1 332	1 493	68.4	68.8	68.1
	总数	2 169	1 948	2 192	/	/	/

表 4-2 宗教信仰状况

项目	具体选项	人数（人）			比率（%）		
		2012	2013	2014	2012	2013	2014
	总人数	2 169	1 948	2 192	/	/	/
	无宗教信仰	1 879	1 644	1 859	86.6	84.4	84.8
	有宗教信仰	290	304	334	13.4	15.6	15.2
各宗教信仰占总信仰率							
有宗教信仰	佛教	150	164	140	51.8	53.9	41.9
	基督教	107	105	112	36.9	34.5	33.5
	伊斯兰教	3	3	7	1.0	1.0	2.1
	天主教	0	2	4	0	0.7	1.2
	道教	7	11	7	2.4	3.6	2.1
	其他	23	19	64	7.9	6.3	19.2

由表 4-1、表 4-2 可以看出，农村生源和女生是专科院校的主力军，在宗教信仰上，总信仰率 2012 年为 13.4%，2013 年为 15.6%，2014 年为 15.2%，比率不高，但绝对数不少，其中佛教、基督教信仰为主流。近年来，大学校园里出现了一批"望教者""宗教文化追随者"，且信教者以布道、传教为己任，与大学生实际紧密结合，对大学

生构成强烈的吸引与震撼,在信仰危机、信仰迷茫、信仰多元化的时期,有无信仰,信仰什么,这不仅关系学生个人的成长成才,也关系着社会主义事业的建设和国家的发展,重视大学生理想信念教育,加强信仰教育,强化心理健康教育,高度重视并审视处理大学生宗教信仰是一个需要重视的问题。

2. 基本现状

表4-3 情绪及学习热情

项目	选项	比率(%)		
		2012	2013	2014
自己经常处于的情绪状况	快乐	29.5	32.5	32.4
	平静	38.3	49.0	48.4
	无聊	21.8	10.4	11.0
	郁闷	7.4	5.2	4.2
	烦躁	3.0	2.9	4.0
学习对你来说是一件怎样的事	快乐的事	30.8	48.7	45.7
	无趣的事	16.3	6.7	7.8
	不得不做的事	49.9	44.0	45.8
	讨厌的事	3.0	0.6	0.7

在情绪状况上,"快乐""平静"为主流,但仍有部分学生处于不良情绪中,三年分别有32.2%、18.5%、19.2%的学生处于"无聊""郁闷""烦躁"中,有49.9%、44.0%、45.8%的学生认为学习是"不得不做的事",学习基础薄弱、学习热情缺乏、学习方法不当、学习效果不明显、学习动力不足是高职高专学生普遍存在的问题(表4-3)。

3. 政治价值观

表4-4 政治发展诉求及国家整体观念

项目	选项	比率(%)		
		2012	2013	2014
是否有加入中国共产党的愿望	有	89.4	88.4	84.6
	没有	3.5	3.3	3.8
	还没想好	7.1	8.3	11.6
认为身边同学积极要求加入中国共产党的动机原因分析	实现共产主义、全心全意为人民服务	50.2	51.7	41.0
	当党员光荣,个人和家庭都光彩	12.5	12.2	14.1
	随大流而已	0.6	3.0	4.3
	为找工作增加砝码	21.9	10.2	16.5
	是一种政治资本,入了党容易受重用,提拔快,为将来发展作投资	14.8	21.9	22.5
	不关心	0	1.0	1.6
国家遇到危机时的选择	愿为国家做任何事	43.7	43.8	41.5
	不愿为国家做任何事	0.3	0.3	0.2
	有选择地做	53.9	54.2	56.7
	不知道	2.1	1.7	1.6
关心政治状况	很关心	12.9	12.3	8.1
	关心	68.9	68.5	67.2
	不关心	17.5	18.6	23.8
	很不关心	0.7	0.6	0.9
如果有移民的机会,你会怎么选择	移民	/	/	20.6
	不移民	/	/	79.4

从表4-4可以看出,在政治立场上,2012—2014年分别有89.4%、88.4%、84.6%的学生表示有加入中国共产党的愿望。在入党动机上,2012—2014年分别有50.2%、51.7%、41.0%的学生表示

"实现共产主义、全心全意为人民服务",分别有 12.5%、12.2%、14.1%的学生表示"当党员光荣,个人和家庭都光彩",分别有 0.6%、3.0%、4.3%的学生表示"随大流而已",分别有 21.9%、10.2%、16.5%的学生表示"为找工作增加砝码",分别有 14.8%、21.9%、22.5%的学生表示"是一种政治资本,入了党容易受重用,提拔快,为将来发展作投资",这些反映了学生在政治上主流要求积极上进,政治立场坚定,但存在政治意识弱化、政治信仰迷茫以及部分学生功利主义至上,对共产主义事业持有怀疑态度的现象。

4. 人生价值观

表 4-5 发展观及价值取向

一个人在社会中发展主要依靠	比率(%)			价值取向最赞同	比率(%)		
	2012	2013	2014		2012	2013	2014
诚信、宽容、助人等好品质	23.3	32.2	33.9	人格是否高尚	33.5	37.2	36.7
自强不息、努力奋斗	22.2	30.8	29.1	对社会贡献的大小	29.8	26.7	25.9
个人能力	21.1	14.9	15.5	是否有自己的事业	16.9	17.1	16.7
受教育程度	8.8	2.2	2.0	生活得是否舒适、潇洒	15.7	16.1	17.4
机遇	7.0	6.7	6.8	社会名望的高低	1.9	1.2	1.5
身心健康	5.7	3.0	3.6	金钱的多少	1.4	1.0	1.4
家庭背景和社会关系	5.5	2.7	3.5	权力的大小	0.8	0.7	0.4
人生经验	4.7	6.8	5.0	/	/	/	/
金钱	1.5	0.3	0.3	/	/	/	/
手段和心机	0.2	0.4	0.3	/	/	/	/

"诚信、宽容、助人等好品质""自强不息、努力奋斗""个人能力"以及"人格是否高尚""对社会贡献的大小""是否有自己的事业"是主流,表明学生在人生目的、人生意义、人生态度上有正确的认识、理解和选择,说明学生的道德意识、竞争意识、自立意识得到不同程度的强化,呈现出积极、进取、务实、宽容的发展趋势,主流是既追求社会价值实现,又注重自我价值发展;但另一方面,学生的价值观和心态变得更加复杂、开放、多样,如对金钱、权利、手段和心机的认可,对"生活得是否舒适、潇洒"的向往,反映出实用、功利、个人、享乐、拜金造成个人主义思潮的蔓延和人生价值观的偏斜(表 4-5)。

5. 道德价值观

表 4-6 友善他人状况

项目	选项	比率(%) 2013	2014
在班级评优秀时,你荣获了"三好学生"和奖学金两项荣誉,辅导员建议你把"三好学生"让给另一位未获得任何荣誉的同学,你愿意吗?	愿意,谦让是美德	50.72	53.73
	不愿意,荣誉是争来的,不是让出来的	49.28	46.27
在享受国家经济补助时,如国家助学金,去年你已经享受了一次,你愿意今年把这个机会让给另一个与你家庭经济条件差不多的同学吗?	愿意,人不能太自私	86.19	88.34
	不愿意,机会来之不易	13.81	11.66

表 4-7 乐于助人状况

项目	选项	比率(%) 2013	2014
当你看到走在你前面的人丢了东西却不知时,你会怎样?	把东西拾起来,赶上前去交给他	73.82	74.26
	赶上前去或喊一声,告诉他有东西丢了	25.41	25.12
	与我无关,不管	0.77	0.62

续表 4-7

项目	选项	比率(%) 2013	比率(%) 2014
你好心帮助前面的人把丢失的东西捡回来了，但这个人却一句感谢的话都没有，你后悔帮助了他吗？	后悔，这种没素质的人根本不应该去帮他	4.16	4.73
	有点后悔，觉得自己多管闲事了	21.87	20.79
	不后悔，帮助他人本身就是一件有意义的事，不用计较回报	73.97	74.48
你讲不讲诚信	讲	94.94	95.98
	不大讲	3.38	2.02
	不讲	0	0
	不愿讲	0.4	0.14
	别人不讲我也不讲	1.28	1.86

在道德价值观调查上，2013 年、2014 年通过假设情境来了解学生友善他人的状况，结果显示友善、乐于助人是绝对的主流，在对待荣誉与经济补助时，学生更愿意谦让的是经济补助，这也说明对于学生而言，精神奖励比物质来的更为重要和更具激励性。在诚信上，学生对自己的界定基本为诚信，但在考试、个人公共行为自律以及虚拟环境中却表现为一定比例的不诚信，原因既在于学生对诚信范围了解得不够深入，很多学生认为诚信仅仅为信守诺言，说到做到，又存在道德认知与道德行为相脱节，行动滞后于认知的问题(表 4-6、表 4-7)。

第二节　高职高专院校大学生价值观的基本特点与内在需求

1. 主流政治立场坚定与部分政治信仰迷茫并存

绝大多数学生能正确认识个人与政党、与国家的关系，是忠于党、忠于国家的，具有拥护政党、献身祖国的责任感和坚强意志。但有愿望加入共产党的比率逐年降低，"随大流""为找工作增加筹码""是政治资本"的观点虽不为绝对的主流，但呈现逐年上升的趋势，这些反映了学生在政治上主流要求积极上进，政治立场坚定，但存在政治意识弱化、政治信仰迷茫以及部分学生功利主义至上，对共产主义事业持有怀疑态度的现象；在国家遇到危机时，"有选择地"为国家做事为主流，且比率稍有上升，这些结果以及2014年的问题"如果有移民的机会，你会怎么选择"的回答说明随着女性生源比率的上升，随着生源质量的逐步走低，专科院校学生对政治的热忱度在降低，也反映出大学生价值观独立性的一面，不再唯上唯师，而是有自己独立的思考，爱国不再是一时的激情，也不是盲目服从和跟随，而是根据思考作出自觉选择；学生的入党动机多元化，追求真理、崇尚信仰的比率在降低，随大流、为找工作增加砝码、增加政治资本依然占据很大比率，追求荣誉、盲目从众、功利实用有成为主流之势；在个人利益与国家利益的选择上，能认识到整体与个人的关系，意识到有国才有家才有个人，但未能正确认识和处理个人利益与国家责任的关系，部分学生在处理人与国家关系方面的价值观模糊不清，在国家利益与个人利益发生冲突时，陷入了个人主义的泥潭。

2. 价值观的积极取向与多元发展同在

关于"发展观及价值取向"的调查，对问题"一个人在社会中发展主要依靠"以及"对价值取向最赞同"的回答，说明当代大学生价值取向积极向上，但三年中分别有一定量的学生认为"一个人在社会中发展主要依靠"的是"家庭背景和社会关系"(2012年比率为5.5%、2013年比率为2.7%、2014年比率为3.5%),"金钱"(2012年比率为1.5%、2013年比率为0.3%、2014年比率为0.3%)、"手段和心机"(2012年比率为0.2%、2013年比率为0.4%、2014年比率为0.3%);在价值取向上,最赞同"生活得是否舒适、潇洒"(2012年比率为15.7%、2013年比率为16.1%、2014年比率为17.4%),"社会名望的高低"(2012年比率为1.9%、2013年比率为1.2%、2014年比率为1.5%),"金钱的多少"(2012年比率为1.4%、2013年比率为1.0%、2014年比率为1.4%),"权力的大小"(2012年比率为0.8%、2013年比率为0.7%、2014年比率为0.4%)同样占有相当的比率。总体而言,当代大学生的主流价值取向符合社会期望,但明显地向现实主义转变,向个人本位偏移,更多地主张自我实现与服务社会相统一,以重现实、重实效为导向难免会在处理个人与社会、义与利、奉献与索取上出现与核心价值观相悖的现象。

3. 人生态度的积极进取与心理问题的日益突出并存

在情绪状况、目前在校状况以及对待学习的认识上积极因素在提升,消极面对的比率在下降,但"找不到学习的动力"(2012年比率为11.8%、2013年比率为12.6%、2014年比率为13.6%),"学习是件不得不做的事"(2012年比率为49.9%、2013年比率为44%、2014年比率为45.8%)以及"学习是无趣的事"(2012年比率为16.3%、2013年比率为6.7%、2014年比率为7.8%)依然占据较大比率,这反映出高职高专院校学生在对学习的认识、调动学习的积极性与培养学习的兴趣上存在认识不够、兴趣不足的问题;在大学生活中感到最苦恼的问题上,2012年最主要的三个问题依次是"就业压力"(21.8%)、"学历压力"(20.8%)以及"不适应新课程的学习"(19.8%),2013年最主要的三个问题依次是"学历压力"(23.1%)、"不适应新课程的学习"(22.3%)以及"经济压力"(16.4%),2014年依次是"学历压力"(47.6%)、"经济压力"(29.9%)和"就业压力"

(26.2%)。对高职高专学生来说,"学历压力""就业压力""经济压力""不适应新课程的学习"是新生突出存在的问题。

在问及"您认为哪些素质对自己的成长最重要"时,排在前五名的依次是"人际交往能力""艰苦奋斗精神""诚信意识""自立能力""团结协作精神"。在看到大学生积极追求人生的同时,也要看到大学生心理上的焦虑、空虚和无聊。如在问及"您认为目前的大学生活"时,排序为"心情压抑,前途未卜"(2012年占20.2%、2013年占10.1%),"无所事事挨岁月,吃喝玩乐等文凭"(2012年占5.6%、2013年占6.6%);在问及"您认为自己经常处于哪种情绪当中",排序为"无聊"(2012年占21.8%、2013年占10.4%、2014年占11%),"郁闷"(2012年占7.4%、2013年占5.2%、2014年占4.2%),"烦躁"(2012年占3.0%、2013年占2.9%、2014年占4%)。2012年在问及大学生应不应该珍惜生命时,95.8%表示应当,1.9%表示不清楚,2.3%表示无所谓;问及人际交往方面时,30.6%表示"善于交往,人际关系十分和谐",53.9%表示"人际关系较和谐,偶尔出现的矛盾可以自己解决",14.7%表示"性格内向,不善交往,人际关系一般",0.8%表示"人际关系不和谐,不善于处理矛盾"。以上结果反映出高职高专学生自我意识增强,自主性和自立意识增强,虽然意识到学历、学习、就业的压力,但由于兴奋性高、稳定性低以及心理发育尚不成熟的特点,易出现渴望独立却又自控力不足并疏于管理以及陷入为长远目标而牺牲眼前安逸,还是放弃追求目标而及时行乐的困惑之中等问题,在个人发展上,存在着惰性、无恒心以及悲观、无信心的问题,在人际交往上,存在着期望值过高,陷入交往误区的问题,培育对象的不稳定性影响着核心价值观的内化认同以及稳定坚持。

4. 道德评价认知的正确超前与道德实践的错误滞后让核心价值观在外化实践上期望与失望相伴

调查显示,绝大部分学生对校园不良现象持反对态度,尤其反对的是"攀比消费""随地吐痰、乱扔杂物""长明灯、长流水"。相对而言,"课桌文化""厕所文化"以及"大学生情侣在校园公共场所过分亲密"的反对程度要相对稍低一点,对"课桌文化""厕所文化"的相对认同反映着大学生的迷茫与困惑,理想与现实的矛盾,大学的学习与考试制度的影响,人际关系的不良表现以及感情世界的荒芜;对"大学生情侣在校园公共场所过分亲密"的相对认同,反映着当代大学生在以市场化为趋向的社会改革和多元化的社会构成以及数千年中国的传统文化价值体系和社会主义道德价值观取向受到强势冲击的情况下,新自由主义意识形态对其产生的影响。而在问及"校园中,你有这些行为吗?"经常做以及偶尔做排在前五名的分别是"上课或者开会时聊天、看杂志、吃东西","践踏草坪","在公共场所大声喧哗、嬉闹","说脏话"以及"长达 5 小时以上的连续上网"。在个人发展规划上,47.3%的学生认为"生涯规划对于自己很重要",45.0%的学生认为"较重要",但只有 8.4%的学生"非常清楚"什么是生涯规划,27.0%的学生表示"清楚自己未来三到五年的发展规划"。虽然大学生的道德认知水平较高,认同文明、和谐、诚信、友善,但在外化践行上存在着知行不一的问题。

第三节 2012—2014 年高职高专院校大学生价值观现状调查的启示

1. 以社会主义核心价值观培育为导向开展教育工作

培育高职高专学生的社会主义核心价值观,就是要用科学的世界观、人生观、价值观指导学生的成长、成才与发展,帮助学生科学地认知自我、完善自我,全面地分析环境,自觉地将个人理想与社会理想,个人价值实现与社会价值实现相结合。培育高职学生的社会主义核心价值观,不仅是践行社会主义核心价值体系的要求,更是当代高职学生全面发展、健康成长的需要和最高价值追求。高职高专院校要本着育人为本、德育为先的观念,无论是学校领导还是普通教师,无论是管理机构还是服务机构都需要结合自己的岗位职责对大学生开展内容丰富、形式多样的核心价值观教育,要树立"人人有责,责无旁贷"和"全员育人,全方位育人,全过程育人"的意识,重视制定规章制度,重视日常教育,重视受教育者主体能动作用的发挥;要在课程教学中融入核心价值观培育,尤其是思想政治理论课,通过教学向学生传播马克思主义中国化的最新成果,大力弘扬以爱国主义为核心的民族精神和以改革创新为核心的时代精神;要用社会主义核心价值观规范校园社团发展,调查显示,41%左右的学生参加了"一个"社团,25%左右的学生参加了"两个"社团,10%左右的学生参加了"两个以上"社团,只有22%左右的学生"没有参加",可见社团在学生中的影响程度之高,因此要有目的、有计划、有组织地对社团成长进行扶持和管理,把握社团方向、健全社团规章、活跃社团活动、扩大社团影响,在健康有益的社团活动中培育社会主义核心价值观;要重视发挥环境对人的熏陶与塑造作用,重视校风、学风、教风等软环境的建设,要营造具有院校特色的校园环境,在生活条件、教学条件、网站建设等方面营造健康向上的环境氛围,在文化融合、院校精神上下功夫,使每处景点都成为集使用功能、审美功能和教育功能于一体的精品。

2. 以行动魅力感染大学生对社会主义核心价值观的认同

在问及"如果您开展职业生涯规划,最希望得到谁的指导与帮助?"15.3%选择"家人",37.2%选择"辅导员",31.4%选择"任课教师",8.8%选择"同学",7.3%选择"其他"。在问及"对辅导员(或班主任)老师的评价"时,90%的学生对辅导员(或班主任)的工作给出了肯定的评价,而有7.4%、2.0%、0.6%的学生分别表示了"不太满意""不满意""完全不满意",在问及导致不满意的原因时,排在前三位的分别是对"学生关心不够,敬业精神缺乏"(34.2%)、"有失公平公正"(19.1%)、"与学生沟通欠缺"(17.0%);对教师队伍的评价,满意度最高的是"道德品质",比较满意的是"研究水平",不太满意以及不满意的都是"关心学生"。由此可以看出,学生渴望与教师交流,希望得到教师更多的关心、帮助与指导。以人为本是社会主义核心价值观的基本内核,教育者要贴近受教育者的实际,从受教育者个人需求出发,尊重个体差异,照顾个体思想变化和精神诉求,以生活实践为尺度,充分利用生活中的一切积极因素实实在在、真真实实地帮助受教育者解决问题,由此方能由远到近、由虚到实地深入受教育者,增强教育的针对性和实效性,展示社会主义核心价值观的魅力和感召力。对于高职高专学生来说,他们感到最苦恼的问题是就业、学历和学习,这就要求高职高专教育工作者以提升学生职业技能、职业素养,以辅导学生开展规划,以指导学生提升学习方法等为目标,深入实际帮助学生解决问题,以自己的人格魅力、行动魅力感染学生、启发学生、影响学生。要深刻分析95后高职高专学生的特点,有的放矢地开展教育引导,采取切实有效的方式方法,帮助学生解决理想与现实,独立与依赖,轻松与压力,自尊与自卑以及自我奋进与自控力不足等问题,引导学生探究生活的意义、思考人生的价值并不断提升生活的价值、意义与质量。只有这样,爱国、敬业、诚信、友善才能成为指导他们行为的内在法则,遵从社会主义核心价值观也才会变成他们的理性自觉、价值追求和价值信念。

3. 以实践开展为依托提升社会主义核心价值观培育的效果

实践是高校大学生思想政治教育工作的重要内容,是德育工作的重要环节,是大学生健康成长成才的重要载体,是提升社会主义核心价值观效果,促进学生知行统一的有效途径。高职高专院校可以结合院校特点开展丰富多彩的实践活动。如军事实践,通过严肃的军事技能实践,培养学生勇敢、拼搏、坚忍不拔的品格,增强学生的爱国观念以及集体意识;社会实践,通过"三下乡"、暑期社会实践以及青年志愿者系列活动,使学生了解社情、民情、国情,引导学生端正学习态度,增强为人民服务、报效国家的自觉性和责任意识,提升学生富强、民主、文明、和谐的意识;创新实践,通过组织学生参加学术讲座、"小发明小创造"、申报新型实用专利、开展或参加科技竞赛,丰富学生的创新知识,增强学生的创新意识,培养学生的创新能力,从国家富强、社会发展角度引导学生对创新意义与价值的认识;管理实践,通过学生参与校、系、班级、宿舍、社团、协会管理,担任校系学生会主席、协会会长以及班级各类干部,激发学生参与管理、服务他人的意识,提升学生的管理、组织、协调、沟通的能力,增强学生的自由、平等、公正、法治意识;就业实践,通过组织学生参加招聘会,参加职业生涯规划大赛,参观用人单位,创立自主创业项目以及参加创业培训,提高学生就业能力,增强学生创业观念,从国家富强、文明进步、社会和谐角度引导学生树立正确的创业观、就业观、规划观、成才观。

4. 创新育人形式,重视网络培育阵地

中共中央办公厅印发的《关于培育和践行社会主义核心价值观的意见》中明确指出"建设社会主义核心价值观的网上传播阵地",网络作为高校思想政治教育工作的新渠道和新手段,是大学生核心价值观培育的重要途径之一。

《第 40 次中国互联网发展状况统计报告》显示,截至 2017 年 6 月,中国网民规模达到 7.51 亿,占全球网民总数的五分之一。互联网普及率为 54.3%,超过全球平均水平 4.6 个百分点。网民仍以 10~39 岁群体为主,占整体的 72.1%;其中 20~29 岁年龄段的网民占比最高,达 29.7%,10~19 岁、30~39 岁群体占比分别为 19.4%、23.0%[①]。可以看出,网络已然成为学生与人交往、获取信息、开阔视野、启迪智慧甚至是有效娱乐、打发时间的重要途径。互联网激发了个体参与信息传播与流动的主动性、参与性,但也削弱了主流声音对信息传播的主导地位,使得社会统一的价值观念和话语体系在一定

---

① 参见第 40 次《中国互联网络发展状况统计报告》中国互联网络信息中心 http://www.cnnic.net.cn/hlwfzyj/hlwxzbg/hlwtjbg/201708/t20170803_69444.htm. 相关内容。

程度上被分化瓦解。面对课堂上的"屏奴"与网民,面对价值观的多元化,与其堵,不如通,与其退让,不如占领,要"使社会主义核心价值观成为自身日常行为准则和自觉奉行的信念理念"①。在学习任务重、强度大、趣味性不高的情况下,教师要尊重事实,认清形势,反客为主,反守为攻,利用形式多样的网络平台,以更有力、更活跃的形式发出最强音,在理想信念、世界观、人生观、价值观、道德观、政治观上增强教育的针对性和实效性、感染力和吸引力。

教育者要"运用网络传播规律,把社会主义核心价值观体现到网络宣传、网络文化、网络服务中,用正面声音和先进文化占领网络阵地",要优化网络环境,改进网络传播方式,强化阵地意识,通过网络来增强马克思主义理论的话语权。要创设形式生动、内容健康、富有吸引力的网络宣传平台,利用网络的信息传递便捷和沟通交流直观的优势,达到网络培育的目的。思想政治教育者除了要有较高的思想道德素质和鉴别能力外,还要有过硬的网络信息技术,能在网上进行有效的思想政治教育工作。

5. 关注学生面临的实际问题,实现以情育人

调查中,问及"希望辅导员在哪些方面指引你"时,排序依次是"在我面临人生重大选择时提供参考意见","介绍为人处世的经验","协助解决学习问题"。"不适应新课程的学习","找不到学习动力",学习是"不得不做的事",学习是"无趣的事"以及学习是"讨厌的事",这些均说明学习依然是高职高专院校学生最困扰也是最迫切期望改善的问题。这就要求教育者要注重引导学生从人生观上正确认识学习的意义与价值,帮助学生增强学习的动力,培养与提升学生专业学习的兴趣,针对差异,帮助学生制定个性化的学习规划,教师在教学水平上也要常抓不懈。

---

① 袁贵仁.坚持立德树人加强社会主义核心价值观教育[N].人民日报,2014-05-23(6).

调查显示,分别有 11.1%、14.0%、13.5%的学生赞同以及 40.0%、37.5%、39.1%的学生基本赞同"挣钱是首要的",27.9%、26.6%、28.4%的学生赞同以及 37.1%、39.3%、38.6%的学生基本赞同"金钱是人生幸福的决定因素",这与高职高专院校学生主要来自农村家庭(高职高专院校农家子弟的比重已经达到 53%[①]),不少学生是单亲、重病户或者经济收入单一家庭甚至是孤儿所致。因此,高职高专院校在学生资助方面要加大工作力度,宣传国家资助政策,让学生懂得如何用好国家政策,关心家庭经济困难的学生,做到应助尽助。"坚持以人为本,尊重群众主体地位,关注人们利益诉求和价值愿望,促进人的全面发展"[②]是社会主义核心价值观培育和践行要坚持的重要原则。核心价值观培育要从学生实际出发,做到"三贴近",切实帮助学生排忧解难,让学生在情感上接受教育者,方能入脑、入心,取得实效。

6. 接地气,辨是非,在决断选择上教育引导

五四青年节之时,习近平总书记在号召广大青年树立和培育社会主义核心价值观时对学生提出要"善于明辨是非,善于决断选择"的要求,而调查结果也充分体现了学生在"面对纷繁多变、鱼龙混杂、泥沙俱下的社会现象,面对学业、情感、职业选择等多方面的考量"时有疑惑、彷徨、失落。"没有人的感情,就从来没有也不可能有人对真理的追求",这启示学校要在引导学生成人成长的关键时期、关键事件上发挥关键作用,在学生困惑、迷茫的时期和问题上给出清晰而明确的指导,要接地气地开展教育与引导,在育人的针对性和实效性上下功夫。

调查的结果显示,高职高专学子的政治热情在减弱,学习状况不

[①] 麦可思研究院.中国高等职业教育质量年度报告[M].北京:高等教育出版社,2016.

[②] 中共中央办公厅.关于培育和践行社会主义核心价值观的意见[M].北京:人民出版社,2013.

佳,就业、学历信心不足,价值取向多元是事实,要有效解决这些问题,找准核心价值观与学生的共鸣点是关键,贴近学生的成长需要,用身边的事迹、故事、经历来切实影响、引导学生,才更富有感染力。在问及"你希望邀请谁来担任校园讲坛的主讲人"时,呼声最高的是"成功的学长",超过对"领域内专家""专业培训师""知名学者""校内名师"的需求,这足以说明学生对可知、可感、可触的引导的渴望,通过现身说法、见贤思齐、创优争先、潜移默化帮助学生擦亮眼睛,辨别是非,明确方向,切实成为社会主义核心价值观的践行者和先驱者。

第五章　高职高专院校大学生社会主义核心价值观培育的路径

第一节　以思政教学为主阵地，实现培育的常态化

(一) 优化理论灌输

1. 什么是灌输

在《现代汉语词典》中，"灌输"一词的含义为"把水引导到需要水灌溉的地方去；输送（思想、知识等）"，是输送思想、传播知识的基本途径和重要方式，是后人掌握前人所创造的科学原理的一条重要法则。灌输这个词语是思想政治教育和党务工作的词语，灌输就是输送、注入，是指通过各种方法，不断向工人和广大群众灌输马克思主义理论与党的路线、方针和政策。灌输理论是思想政治教育学的重要理论，指无产阶级政党要把科学社会主义的理论和观点通过各种形式的教育方法灌输到人民群众中，使人民群众接受科学社会主义理论，提高他们的政治参与意识，积极投身到革命中去。①

灌输理论是马克思主义理论的重要组成部分。只有通过灌输的途径，才能把马克思主义思想意识观念内化为人们固有的思维品质

---

① 卜金朝，张冠文.马克思主义灌输理论形成、发展的历程[J].党史博采，2013(1)：26.

和行为习惯。把灌输理论系统化、理论化的是列宁。列宁针对俄国社会民主党内出现的经济派提出的反对工人阶级灌输社会主义意识的主张,于1902年发表了《怎么办?》。他在该书中阐述了灌输理论,他认为"工人本来也不可能有社会民主主义的意识,这种意识只能从外面灌输进去"[1]。要把自发的工人运动变为自觉的革命运动,就必须把社会主义意识"从外面灌输给工人,即只能从经济斗争外面,从工人同厂主的关系范围外面灌输给工人"[2]。对于怎么办才能向工人灌输政治知识这个问题,他指出"我们应当既以理论家的身份,又以宣传员的身份,既以鼓动员的身份,又以组织者的身份'到居民的一切阶级中去'"[3]。列宁在这里阐明了为何灌输、对谁灌输、谁来灌输和怎样灌输等问题,使灌输理论成为马克思主义理论的重要组成部分,成为无产阶级政党进行思想政治教育的指导思想,更加明确了思想政治教育就是利用统治阶级的思想教育人、培养人,明确了灌输不是方法层次的范畴而是定性的内涵,有助于明确思想政治教育的导向性和责任感,为无产阶级政党开展思想政治教育奠定了灌输的本质地位[4]。

2. 如何优化理论灌输

在实际工作中,灌输的形式是多样的,主要有:(1)文字灌输。是指一切依托文字来传递思想、表达观点的形式,如决议、公文、指示、标语、传单、文学作品。文字灌输的特点是,直接传播思想观点,不受时间和空间的限制,而且表达的思想准确、严密、精练、规范、容量大。(2)语言灌输。是指一切依托语言及人际间的沟通来传递思想、表达观点的形式,如报告、演讲、咨询、谈心谈话、课堂教学等。语言灌输的特点是对象明确,有互动,有特定的环境和直观的表达方

---

[1] 列宁选集:第一卷[C].北京:人民出版社,1995:317.
[2] 列宁选集:第一卷[C].北京:人民出版社,1995:363.
[3] 列宁选集:第一卷[C].北京:人民出版社,1995:366.
[4] 陈红曼.论"灌输"在思想政治教育中的本质地位[J].广西社会科学,2009(11):6-9.

式,能及时采集受众的当下接受状态,并根据受众的当下状态进行调整灌输形式和内容。(3)艺术作品灌输。一切通过艺术手段、艺术形式进行形象化展示的形式,如影视、书画、话剧、小品等。这是一种最有感染力和影响力的灌输形式,深受人民大众的喜爱,特点是直观形象,受众面广。借助各种形象的塑造来表达思想观点,使各种层次的人都能接受。大学生在接受社会主义核心价值观时,其思想有一个从不知到知,从知之甚少到知之较多,从不信到信,从信之不深到深信,最终知行统一,循环往复、不断上升的开放整合过程。在这个过程中,知是基础,思想政治理论课课堂教学是先行一步和基础阵地,是大学生接受社会主义核心价值观理论教育的主渠道,是大学生认同社会主义核心价值观的主阵地。

  如何优化理论灌输？一是丰富教学内容的"有用性",激发学生学习的原动力。习近平总书记指出:"一种价值观要真正发挥作用,必须融入社会生活,让人们在实践中感知它、领悟它。要注意把我们所提倡的与人们日常生活紧密联系起来,在落细、落小、落实上下功夫"①,所以,要让社会主义核心价值观像空气一样无所不在、无时不有,还需要将它融入群众的生活中。大学生正处于成长的关键时期,必然会经历一些"成长之痛""成长之惑",迫切需要有人帮助释疑解惑。思想政治理论课是进行大学生思想政治教育的主阵地,思想政治理论课教师要将思想政治理论课和社会主义核心价值观内容有效整合,在教学过程中根据大学生接受"灌输"的实际情况,努力满足大学生的需要,切实改革教学内容,改进教学方法,改善教学手段,实现灌输内容的生活化、大众化、时代化,使学生感到授课内容与他们的思想、心理和行为需求非常贴近,听课有一种现实感、贴切感和亲切感,实现高质量地、有效地上好社会主义核心价值观教育课,让大学

---

① 国务院新闻办公室会同中共中央文献研究室,中国外文局. 习近平谈治国理政[M]. 北京:外文出版社,2014.

生不仅是从理性认知上理解把握社会主义核心价值观,更能对社会主义核心价值观产生情感认同。二是提升灌输形式的"多样性",提升理论灌输的吸引力。在社会思想意识日益复杂化、多样化的新形势下,思想理论教育课教师必须在提高课堂讲授社会主义核心价值观的方法艺术上下功夫,综合运用文字灌输、语言灌输、形象化灌输,努力增强社会主义核心价值观教育的吸引力、感召力和影响力。为此,思想政治理论课教师应当抓住当前建设社会主义核心价值体系的契机,拓展丰富教学形式,采用现代化教学手段,开创社会主义核心价值观教育的新局面。

(二)习近平新时代中国特色社会主义思想进思政理论课

党的十八大以来,以习近平同志为核心的党中央紧紧围绕新时代坚持和发展什么样的中国特色社会主义、怎样坚持和发展中国特色社会主义这个重大时代课题,以马克思列宁主义、毛泽东思想、邓小平理论、"三个代表"重要思想、科学发展观为指导,坚持解放思想、实事求是、与时俱进、求真务实,坚持辩证唯物主义和历史唯物主义,紧密结合新的时代条件和实践要求,以全新的视野深化对共产党执政规律、社会主义建设规律、人类社会发展规律的认识,进行了艰辛理论探索,取得了重大理论创新成果,创立了习近平新时代中国特色社会主义思想。新时代中国特色社会主义思想开辟了马克思主义新境界,开辟了中国特色社会主义新境界,开辟了治国理政、管党治党新境界,实现了马克思主义中国化新的飞跃,为新时代坚持和发展中国特色社会主义、推进党和国家各项事业提供了根本准则。党的十九大把习近平新时代中国特色社会主义思想确立为党必须长期坚持的指导思想,是一个具有重大政治意义、理论意义、实践意义的历史性决策和历史性贡献。

西方文化和价值观的渗透影响大学生对社会主义意识形态的认同,对社会主义道路的认同,对伟大中华民族的认同。青年一代理想信念坚定的状况直接关系到中华民族伟大复兴的伟业,青年一代的成长需要用习近平新时代中国特色社会主义思想进行引领,青年一代应该成为习近平新时代中国特色社会主义思想的积极践行者和传播者。思想政治理论课要充分发挥意识形态主阵地的作用,做好习近平新时代中国特色社会主义思想学习的传播和解读工作。引领学生深刻认识确立习近平新时代中国特色社会主义思想历史地位的重大意义,深刻认识习近平新时代中国特色社会主义思想的科学体系、精神实质、实践要求,深刻认识习近平总书记在创立新时代中国特色社会主义思想中的决定性作用、决定性贡献,学习好、宣传好、贯彻好习近平新时代中国特色社会主义思想,把思想和行动统一到党的十九大精神上来,增强忠诚核心、维护核心的政治自觉、思想自觉、行动自觉。

推进社会主义核心价值观建设,必须坚定自觉地以习近平新时代中国特色社会主义思想为指导。要把习近平新时代中国特色社会主义思想作为主心骨、定盘星、度量衡,贯彻到培育和践行社会主义核心价值观全过程、各方面,切实增强广大学子的政治认同、思想认同、情感认同,不断巩固马克思主义在意识形态领域的指导地位、巩固全国人民团结奋斗的共同思想基础。

(三) 强化教学改革

笔者所在学校,尊重教学规律,研究教育对象,结合课程特点,积极开展思想政治理论课教学改革。

1. 开展专业特色实践教学

一是构建调动学生能动性和体现专业人才培养需求的"$36+X+Y+Z$"教学模式。思想道德修养与法律基础课程现有 48 学时,以《思想道德修养与法律基础实践手册》为载体,36 学时为理论,10 学时为实践,2 学时为考核,$X+Y+Z=10$ 学时,X 为共性实践教学项目,如适应性教育、理想信念教育、价值观教育、道德教育、法制教育;Y 为体现专业差异的实践项目,如深入社区开展结合本专业知识的服务社会活动;Z 为参与各类校园文化活动,如参加校园素质教育讲坛。突出学生主体地位，依据学生成长规律和知识体系进行课程整合与开发，实现教学体系模块化、教学内容项目化、教学方法多元化、教学考核过程化。构建双向互动实践教学模式，实践教学项目由任课教师和学生共同商定，对实践教学项目完成情况师生互评，构建双向评价体系，分教师、学生举行专场实践教学汇报会。

二是开展"双基地"建设，做到每个专业一个双基地，对学生开展专业与思想道德素质的同步教育。"双基地"就是将专业实训实习基地同时作为思想政治教育基地来建设，因地制宜地利用各专业院系建立的实习、实训基地作为大学生思想政治教育的重要场所和依托，并与各专业院系学生的实习、实训结合起来，共同完成。笔者所在学校通过"双基地"这一平台，在学生进行专业实习、实训的同时，开展与临床专业人才培养目标对接的大学生思想政治教育工作。如，以"你需要怎样的我？"为主题，让学生采用调查问卷等形式对患者及家属进行随访，教师指引学生从"人生价值""职业规划""专业技能""爱心与责任"等方面进行探讨与反思。把思想政治教育与专业实践教育相结合，使学生更容易将课堂理论教学活动中获得的"教化"内化为自己的人生体验，从而实现"知""行"合一。

2. 实施"多人一课，模块设计，专题教学"教学改革

对毛泽东思想和中国特色社会主义理论体系概论课程开展模块化专题教学探索，即"多人一课，模块设计，专题教学"，组建教学改革课程组，在全校50%的学生中开展试点，经过4年的实践探索、对比研究和深入调研，模块化专题式教学可以给教师提供充分的教学自主权。专题式教学立足教材又高于教材，忠于教材又不拘泥于教材。教师可以充分利用诸多教学手段，紧扣教学目标，以教观点、教方法为己任，进行"少而精"的教学，灵活地安排教学内容。

为切实了解学生对专题教学模式的教学评价，验证教改后的教学效果，课改组设计了调研问卷，组织学生课上通过二维码扫码的方式完成了数据收集及分析。问卷涉及教学模式、教学内容、师资配

备、效果评价等,共收集有效问卷747份,其中82.6%的学生相较于传统模式,更欣赏和认可教改模式。模块化专题教学为学生提供了广阔、多维的视野和大容量的信息,使学生从大量的信息、多方位的触角中,进行知识的综合分析。存在的问题是61.04%的学生认为教师的更替不利于师生交流与情感维系,而改进的方式是采用一人主授、多人协同。

第二节 以社会实践为着力点,实现培育的实践化

实践是马克思主义的基本观点,马克思说:"社会生活本质上是实践的。"实践是认识的来源,是认识的动力,是检验认识真理性的唯一客观标准,是认识的最终目的。实践论指出,认识活动和实践活动是主体和客体相互作用的两个侧面,是对立统一关系,在认识和实践的相互关系中,实践是认识的基础,对认识起决定作用。实践活动是主观见之于客观的活动,大学生的主观思想和行为表现,只有在实践中才能有效地结合起来,并且相互作用、相互影响。大学生把自己对行为反思的结果,学到的新知,在实践中与相适应的行为相结合。当思想认识和行为不一致,及时修正,并再次运用到实践中去验证,这样循环往复,思想认识逐渐达到真理。马克思主义实践论指明了大学生认同社会主义核心价值观的根本方向。大学生要真正理解和准确把握社会主义核心价值观的内涵,就必须要通过实践去验证。

《关于培育和践行社会主义核心价值观的意见》指出"社会实践是大学生思想政治教育的重要环节,对于促进大学生了解社会、了解国情、增长才干、奉献社会、锻炼毅力、培养品格、增强社会责任感具

有不可替代的作用。"①社会实践不仅是高校大学生思想政治教育的重要内容和环节，更是在大学生中开展社会主义核心价值观教育，促进学思结合、知行统一，从理性认同上升到情感认同乃至行为认同的有效途径。

社会实践的途径包括：通过开展寒暑假社会调研，体察民情民生，增强对社会主义核心价值观思想根源的理解；通过开展专业实践，深入生产一线、了解从业环境，增强对社会主义核心价值观大众化、生活化的理解；通过普及"三下乡"活动，增强对社会主义核心价值观服务社会、创造价值的理解。

寒暑假社会调研是大学生践行社会主义核心价值观的有效途径，也是大学生健康成才的正确道路。大学生的主要任务是学习，而学习生活的主要场所是大学校园，大学生的社会调查首先使学生由校园环境进入社会环境，有利于正确、全面、深刻地认识社会，有利于大学生重新调整自己的学习生活方式，有利于从社会现实中接收新的信息，学习新的知识；其次在实践中，大学生正面接触社会，亲身感受时代脉搏的跳动，更清楚地认识中国国情，理解建国治国的艰难，懂得人民群众的希望和社会的需要，看到现代化建设的前景，认识到自己肩负"中华民族伟大复兴"的历史使命，增强自己奉献社会的责任感，及早地找到自己的历史位置，实现人生价值；再者，社会现实反过来又能使大学生不断反思自己、认识自己，顺利完成个体的社会化。

专业实践是大学生了解行业，感知职业，提升专业知识技能，提升职业核心能力，强化职业素养，树立职业精神的重要途径，既是学生自身职业行为、职业道德养成的过程，也是学生获取知识技能服务社会、创造人生价值的平台。笔者所在学校针对低年级学生，采取寒

---

① 中共中央办公厅.关于培育和践行社会主义核心价值观的意见[M].北京：人民出版社，2013.

暑假专业见习的方式来促进专业实践,为期至少10天,并要求学生完成假期专业实践报告表,以班级为单位开展假期专业实践交流会,评选假期专业实践先进个人,举办假期专业实践图片展。针对高年级学生,安排到实习单位为期至少8个月的专业实践,列入人才培养方案,实践合格方可毕业。

"三下乡"活动是大学生秉承社会主义核心价值思想致力服务社会的重要形式,是大学生传播和践行社会主义核心价值观的重要载体。自中宣部、中央文明办、国家教委、共青团中央、全国学联联合下发的《关于开展大中学生志愿者暑期文化科技卫生"三下乡"活动的通知》提出并组织开展大学生"三下乡"以来,这项活动取得了显著的成绩。大学生"三下乡"不但能够把党的政策和党的温暖带到农村,把文明新风和民主法制带到农村,同时也将先进的科学技术和文化知识传播到农村中去。秉承社会主义核心价值观思想,开展"三下乡"活动,一是通过直接与普通农民接触,通过深刻体验农村状况和农民的生活现状,有利于端正大学生的思想认识,帮助他们树立艰苦奋斗的思想,克服轻视劳动的偏见,培养他们尊重劳动、热爱劳动、尊重劳动人民的情感和吃苦耐劳的自觉;二是开展基层座谈、送温暖献爱心、参与生产劳动、组织街头义诊等活动,让学生在服务他人、奉献基层中感受价值的追求与提升的意义,感受帮助他人的快乐与幸福,有助于学生树立科学的世界观、人生观和价值观,激发学生到基层去、到群众中去、到改革和建设的第一线去、到条件艰苦的环境中去,在实践的大课堂中增强奉献社会、服务基层的意识和动力,增强服务人民群众的意识和观念,培育自觉为人民服务的责任意识;三是"三下乡"活动中,通过任务的完成提高大学生社会活动能力、独立工作能力和社会适应能力。

以培育和践行社会主义核心价值观为目标开展社会实践,需要从以下几个方面做好工作:首先,要完善社会实践制度来统一标准、规范工作。社会实践活动形式多样,以制度和管理条例引领规范大学生社会实践活动的内容。要求大学生社会实践活动内容必须要与社会主义核心价值观相关,在实践内容和范畴上做出指引,提升大学生开展社会实践的实效。如大学生深入城市社区、农村、企业进行调查研究,提出解决问题的意见或建议;大学生走近弱势群体,深入贫困地区、边远山区,运用所学专业知识和技能服务人民、奉献社会等。

其次,要建立健全社会实践考核评价体系。大学生社会实践应作为一门必修课纳入教学体系,制定大学生社会实践的考核标准,进行严格的考核。社会实践活动应与学分挂钩,没有参加社会实践,或者社会实践不达标的学生不能毕业。建立社会实践考评制度,专门人员负责社会实践工作的组织实施和考评。可以通过在线平台,学生在线完成社会实践学分的认证和赋分。对在社会实践活动中表现突出的学生和教师,要进行表彰并给予一定的物质和精神奖励。对在社会实践活动中弄虚作假的学生,要给予相应的处分。总而言之,大学生社会实践活动对大学生践行社会主义核心价值观具有重大意义。为增强大学生践行社会主义核心价值观的针对性和实效性,要尽可能创造各种有利条件,保障社会实践活动顺利进行。

第三节 以精细化职业生涯辅导为切入点,实现培育的生活化

(一)培育的切入点需要职业生涯辅导

职业是每个人生活的核心和重要保障,职业生涯规划是生涯规划中最为重要的组成部分,指导、帮助、督促学生开展个人职业生涯规划,对学生开展职业生涯辅导是教育目标和学生发展的内在需求。职业生涯的辅导对学生的意义在于:一是明确学习和生活的目标,帮助学生过有效率的生活。在进入大学前,学生的目标明确且单一——考上大学。而升入大学后,面对新的一切,不知所措,迷茫成

为影响学生继续成长的重要原因。一个人只有了解了自己的人生需求和追求,才会确定自己的人生目的,进而将目的具体化为目标,而有了目标自然会有健康向上的人生态度。确定目标,就会如饥似渴地追求知识,充实自己,完善自己,整个大学阶段的学习和生活,就会由被动变为主动。二是促进学生分析和了解自己的兴趣、特长以及性格特征,帮助学生全面了解自己。心理学研究表明,个体对自我的认识和评价越接近现实,自我防御就越少,社会适应能力就越强。反之,过低评价自己或过高评价自己,都会感到焦虑不安从而引发心理问题。职业生涯规划辅导通过对个人的专业特长、兴趣爱好、性格特征等方面充分全面的分析,可以引导学生正确认识自身的个性特质、现有与潜在的资源优势,帮助学生明白自己更适合什么样的工作,自己将来有可能在哪些方面取得成功,形成较为明确的职业目标与职业理想。三是增强学生学习、生活的信心以及对未来的期望。通过职业生涯规划,使学生明确职业发展目标,逐步提升自己的能力和素质,使自己更加自信地面对在学习、生活中遇到的各种问题,保证了学生的健康成长。四是帮助学生更多更深地了解社会上的职业或行业,为顺利就业奠定基础。现在大学生就业压力成为影响学生心理健康的重要因素之一,学生只有正确看待职业问题,才能正确对待就业问题,职业生涯规划的主要内容就是要了解职业、了解劳动力市场以及了解当前的就业形势,让学生对所处的环境有一个清醒的认识,保持积极的心态,为将来的职业前程做好准备。一份行之有效的职业生涯规划可以帮助大学生加快求职速度,降低求职成本。五是按计划学习、生活,取得理想的效果,在促进学生全面发展上发挥作用。职业生涯规划与人的全面发展密不可分,个人需要追求自身的发展,以实现职业生涯的成功,反过来,职业生涯规划是人全面发展的重要手段,追求成功的职业生涯规划的最终目的是获得个人的全面发展。职业生涯规划引导学生发挥个人潜能,帮助学生不断提高,不断进步。

马克思曾说:"思想一旦离开'利益',就一定会使自己出丑。"①教育心理学家赞可夫曾说:"教学法一旦触及学生的情绪和意志领域,触及学生的精神需要,便能发挥其高度有效的作用。"②如果脱离大学生的利益诉求和发展需求,就思想问题谈思想问题,就价值引导谈价谈价值引导,结果往往适得其反,因为这些实际问题往往是思想问题的根源和诱因。笔者所在学校连续三年的调查都显示大学生在校期间最关注的问题是如何将自己培养成为真正的人才和祖国的栋梁。对于大学生而言,成长成才是他们最现实、最渴望的需求,具有强烈的驱动力、凝聚力。如果能够以大学生的成长成才需求为切入点,满足大学生的成长成才,不仅有利于激发大学生高尚的人生情感,而且可以强化大学生对社会主义核心价值观的情感认同。要让大学生在情感上认同社会主义核心价值观,必须要充分调动和激发大学生的愉快、信任、感激、热情与激情等积极情感因子。这些积极的情感因子和大学生成长成才的前途息息相关,只有让大学生意识到树立社会主义核心价值观并按照社会主义核心价值观要求行事,能为自己成长成才起到指引和推动作用时,大学生才会在情感上认同社会主义核心价值观。因此,我们教育工作者要遵循大学生情感心理过程的规律和以学生为本的教育理念,满足学生的情感需求,深入地了解他们的情感、情绪倾向和状态,才可能启动其情感,才可能强化其对社会主义核心价值观的情感认同。当今社会思潮纷繁复杂,迷茫、空虚、无聊是许多大学生的现状,大学生情感丰富,但情绪波动大、自控能力差,对于大学生来讲,遇到的往往不是认知障碍,而是因成长成才需求无法实现而导致的情绪抵制的现象。因此,大学生自身也要在成长成才的过程中积累积极的情感体验,使自身政治认知和道德认知符合社会主义核心价值观的要求,并升华为相应的政治信念和

---

① 中共中央马克思恩格斯列宁斯大林著作编译局.马克思恩格斯选集:第2卷[M].北京:人民出版社,1995:103.
② 赞科夫.教学与发展[M].北京:人民教育出版社,1985:106.

道德信念,同时外化为政治行动和道德行为。因此,社会主义核心价值观培育贯彻"以学生为本"的原则不能仅仅停留在理论教育上,应当与解决青年学生关心的实际问题结合起来,将学生的全面协调发展作为工作的出发点和落脚点,实现既要教育人、引导人,又要关心人、帮助人,做到既讲道理又办实事。

(二) 实证研究的经验分析

一个有着科学生涯规划的人,他的人生目标是明确的,他的生活是积极和高效的,他的生命是充满希望的,生涯规划的终极目标是人的终身和谐发展,人生价值的实现。社会主义核心价值观、思想政治教育以及生涯规划追求的终极目标是一致的,都是人的终身和谐、可持续发展与人生价值的实现。

笔者以实验的方法在普通专科班开展了职业生涯辅导的精细化个性化实践研究,从同届同专业普通专科班随机抽取两个班级,分别为实验班和对照班,实验班和对照班均为53人,年龄均在18~22岁。在研究的过程中,通过举办讲座、播放视频资料、个别谈话、开展职业信息分析、与家长联系以及指导参赛等途径对实验班开展辅导,采取问卷调查、访谈的方法对研究的结果进行及时的分析与总结。实验积累了经验,也发现了问题。

实验中,在辅导实验班和对照班完成个人职业生涯规划书后,通过开展讲座、谈话指导等途径对实验班继续辅导,而对照班不再做任何引导。一个月后,对照班的32位学生放弃了已经实施的职业生涯规划,占全班的62%,两个月后,39位学生放弃了已经实施的职业生涯规划,占全班的74%。两次调查中,在问及放弃职业生涯规划的原因时,认为"自身懈怠,难以持之以恒"的分别占15%、25%;认为"制定的职业生涯规划不合理"的分别占37%、63%;认为"计划实现遇到挫折,没有信心坚持"的分别占21%、4%;认为"缺少他人(如家人、老师)的指导与帮助"的分别占33%、30%。毕业就业时,实验班53人中32人实现第一职业目标,17人实现备选目标,只有4人与一年级制定的职业生涯目标不符,也即90%以上的学生实现了职业生涯规划的早期目标。这说明,由于自身懈怠,由于阅历、知识、经验的不足而带来的职业生涯规划科学性的缺乏,使很多学生在短期内放弃已制定的生涯规划。职业生涯规划是一个长期、动态、渐进的过程,在规划中会遇到很多不可知的因素,完成规划需要毅力,尤其在规划的初期,需要辅导人员以自己的知识、经验、思考来帮助、指导与督促学生。

(三) 要坚持精细化个性化职业生涯规划辅导

国外大学生职业生涯辅导工作已经有一百多年的历史,以美国为首的发达国家的大学生职业生涯辅导工作开展较早,取得了一定的成绩,为社会的经济发展、大学生的就业及后续个人职业发展的和谐作出了突出的贡献。与发达国家相比,我国在这方面起步较晚,高校开展职业生涯辅导也就是近十年的事情,辅导工作基本局限于宏观层面上职业生涯理念的普及和基本知识的传授,实效不佳,开展职业生涯规划精细化个性化辅导成为必需。

1. 高校宏观层面上的职业生涯辅导实效不佳

现在绝大部分高校的就业主管部门承担了对大学生开展职业生涯辅导的工作,就业主管部门主要通过开展讲座、指导学生参赛、邀请社会人士来校访谈,安排历届毕业生回校开展校友论坛,开展生涯拓展活动,成立大学生职业咨询室来开展辅导工作。讲座、参赛在传播、普及职业生涯规划的理念,帮助大学生学习与掌握职业规划的基本方法上起到突出的作用;邀请社会人士来校访谈,安排历届毕业生回校开展校友论坛,开展生涯拓展活动在帮助学生明确自己的职业取向、了解外部环境上起到作用。但在实际中,要指导、促进学生科学地开展职业生涯规划,仅仅局限于此难以取得实效,原因如下:一是高校中从事职业生涯辅导的教师数量有限,师生比失调,学生得不到全方位精细化个性化辅导;二是大学生职业生涯规划意识淡薄,主动开展职业生涯规划的学生不多;三是由于阅历、知识、经验的不足,如价值观的模糊、专业认知的不足、自我认知的不够、职业探索的缺乏及生涯决策能力的有限使得学生开展的职业生涯规划处于假设环境的理想状态,科学性与针对性得不到保证;四是完成规划需要毅力,职业生涯规划的实施是一个动态的长期的过程,学生易在职业生涯规划的早期放弃已制定或已实施的规划,规划执行力不够。有些大学生虽然有强烈的成长成才需求,并且也在朝着自己的目标努力拼搏,但自我约束、自我控制能力不强,受到扭曲的价值观影响,结果与成才的目标背道而驰。

2. 职业生涯辅导需要以个体或小团体的形式进行

大学生在校期间,本身就处在适应社会、实现职业化的过程中,尚未形成自我管理的意识,尚未探索出有效的自我管理模式。因此,从学生发展的客观需求来说,需要良好的校园环境、制度和教师对其进行全程引导和限制。大学生的职业生涯辅导是一项长期的注重个体的工作,需要以个体或小团体的形式进行,精细化重细节、重过程、重具体、重落实、重质量、重效果,能够将辅导具体化明确化,落到实处,个性化充分考虑、尊重、关注学生的个体差异性,通过"一对一""面对面"的辅导,为每一位学生制定个性化的职业生涯规划方案,开展精细化个性化辅导成为需要和趋势。

(四)开展精细化生涯辅导的途径

1. 辅导员开展职业生涯精细化个性化辅导

"辅导员是青年大学生思想政治教育、学生事务的管理者、指导者和组织者,是学校最基层、最直接履行教书育人、服务育人、管理育人的教育教学工作者"[1],"是职业生涯辅导主要的客体之一,是大学生生涯辅导中不可或缺的角色"[2],在大学生职业生涯规划中发挥着

---

[1] 冯峰.浅论高校辅导员与大学生职业规划[J].思想政治教育研究,2007(6):112-113.

[2] 唐文红.大学生职业生涯规划中辅导员的引导作用[J].湖北成人教育学院学报,2007(4):15-16.

重要指导作用和引导作用,"是开展大学生职业规划教育活动的最理想人选"。辅导员以班级为单位开展职业生涯规划精细化个性化辅导,将职业生涯规划精细化个性化辅导与班级的日常管理,与辅导员工作制度的贯彻执行相结合(现在很多高校都有较为完善的辅导员工作制度,辅导员工作制度一般包括主题班会制度、与学生谈话制度、深入学生宿舍制度、与家长联系制度),将讲座、录像资料内容纳入主题班会中,将与企业对话、校友论坛、生涯拓展纳入班级主题活动中,将帮助学生开展并坚持规划的工作纳入与家长联系、深入宿舍及与学生谈心的工作中去。既能弥补学校宏观层面上指导的不足,又能帮助学生实实在在地解决实际存在的问题,对促进大学生就业、充分开发大学生的人力资源、保持社会的稳定、经济可持续发展以及实现社会职业结构优化都有极大的促进作用。辅导员开展职业生涯精细化个性化辅导是最易实现也最能取得实实在在效果的。辅导员与学生联系最紧密,对学生个体的了解最直接,在学生中有很高的威信,学生渴望辅导员的指导,"在大学生进行职业规划中,辅导员多视角、多方位、多角度、最直接、最直观、最直觉的育人作用,是高校任何人所无法代替的。"[①]研究结果也证明经过辅导员的辅导,实验班学生在学习的积极性与学习的成效上,在参加活动的积极性及比赛成绩上,在集体荣誉感、心理健康、协作意识及目标明确上均优于对照班。

2. 开展职业信息分析

就业难的一个重要原因是有岗难就,而信息不对称是有岗难就的主要原因,大学生愿意当医生、教师,而不愿意从事钳工、家政等工作,主要原因是对这些职业信息了解得不够。辅导员大多从高校到高校,对职业信息缺乏了解,应深入各类职业工作一线,通过深入现场,拍摄照片,与工作人员访谈、查看工作日志等方式来完成职业信

---

① 冯峰.浅论高校辅导员与大学生职业规划[J].思想政治教育研究,2007(6):112-113.

息的收集与分析工作,或有条件的学校安排辅导员到一线挂职学习,以期为学生提供真实、科学、全面的辅导。

3. 与家长取得联系,争取家长的支持

实验中,实验班未及时就业的13名学生中有5人对所学专业不感兴趣,也不愿选择本专业就业,但出于父母的要求继续学业,对学习兴趣的缺乏导致他们在校期间学习不认真、学业不扎实,实习结束后又不积极就业,在家待业是他们未及时就业的原因。家长是学生成长中至关重要的引路人和影响者,在职业生涯规划精细化个性化辅导中要特别重视争取家长的参与和支持,尤其是学生职业愿望与家长职业期望有冲突的个案,要做好权衡,合理指导。

4. 提高辅导教师的综合素质

问卷调查中,问及"对你开展辅导的辅导员或授课老师,你期望他是怎样的一个人?"(多选),81%的学生选择"有很强的倾听能力,有亲和力,让人有信任感",65%的学生选择"熟悉劳动力市场信息和资源",73%的学生选择"具备不同的职业、专业领域及行业的经验,职业经验丰富",38%的学生选择"掌握职业生涯发展的理论,自己有成功的职业生涯规划经历"。由此可知,作为辅导教师需从以下方面努力:一是建立和谐的师生关系。师生关系没有固定的模式,但教师与学生之间的和谐统一应该成为最理想的师生关系。辅导教师对学生要真诚相待,不隐瞒、不误导、不欺骗,接纳、关心、尊重学生,使学生真正从内心放松,畅所欲言,与辅导人员交融在一起,促进问题的解决。二是提高、丰富采集、处理信息与资源的能力。信息的采集与处理工作涉及内容广,技术性强,它既是辅导中的基本内容,也是辅导者重点要做好的工作。三是参与社会实践,丰富职业经验。辅导者要了解社会、了解基层,有较高的社会认知能力。辅导教师可以通过挂职锻炼来参与社会实践,丰富职业经验。四是开展自身的职业生涯规划,与学生一起感受职业生涯规划的成果。没有亲身体会,难有切身感受,在辅导学生时就难以深入学生内心世界,辅导效果就会被打折扣,所以辅导教师应主动开展自身的职业生涯规划。

5. 创造良好的规划氛围

一是校系高度重视,营造规划氛围。学校应把职业生涯规划教育作为推进社会主核心价值观深入培育的一条重要途径来抓,做好职业生涯指导机构的完善、课程的开设和咨询等相关工作,举办职业生涯规划讲座、开展职业生涯规划大赛,利用校园网建立系列素质测评以及交流的平台,利用校报、广播站宣传身边成功的职业生涯规划案例。

二是辅导员、任课教师督促学生开展规划,争取全班同学参与。生涯规划体系的主干应以班级为单位,辅导员应充分认识到生涯规划的目的性、积极性、高效性对思想政治教育产生的正面影响,对社会主义核心价值观培育的积极作用。把班级管理的目标和措施与生涯规划实施目标结合起来,成为主要策划者和统筹协调者,并请任课教师针对班级和学生的特殊需求协助开展工作。笔者建议辅导员:在新生来校时,即开展职业生涯规划教育,指导学生完成职业生涯规划书,定期了解学生规划书的执行情况。利用假期带领学生通过深入现场,拍摄照片、与工作人员访谈等方式收集学生感兴趣的职业信息,帮助学生了解职业世界。开展生涯人物访谈,指导学生确定职业理想。将学生的职业生涯规划纳入与学生谈心、与家长联系的内容中去。进行职业生涯辅导答疑解惑,从学生的实际需要出发,帮助学生树立人生理想与生涯目标。

三是争取家长的指导与支持。父母在其子女的职业发展中扮演着十分重要的角色,起着启蒙和引导者的作用。在问卷调查中,问及"你觉得家人对你的职业生涯规划有影响吗?"89%的学生认为有。辅导教师应与家长沟通,一方面了解他们教育子女的观点、孩子的成长历程等,有效地开展个性化的指导;另一方面可以争取家长的支持,充分整合家长资源,利用家长资源为学生提供社会实践机会,给学生提供更广阔的发展空间。

总之，职业生涯规划辅导应成为有效开展社会主义核心价值观培育的重要途径已得到认可和实施。在实践中，因职业生涯规划辅导是一项综合性很强的工作，效果受到内外部多项因素影响，所以辅导者要不断总结，深入研究，寻找措施和办法，提升辅导水平。

第四节 以校园素质教育讲坛为主平台，实现培育的多元化

全面实施素质教育，不仅是"努力办好人民满意的教育"的重要指标，更是"坚持以人为本，树立全面、协调、可持续的发展观，促进经济社会和人的全面发展"的科学发展观的本质体现。近些年来，高职教育为社会培养了数以千计的高素质劳动者，为国家的繁荣富强作出了巨大的贡献。但高职教育中也出现了重视专业知识与技能培育，忽视人文教育与职业素养教育的问题，存在着将人文素质教育等同于开设几门课程，开展几次运动式校园文化活动的误区，学生人文素质偏低、人文知识缺乏、人文精神淡薄直接影响了学生的发展后劲与职业发展空间，可以说现如今高职毕业生出现的职业吻合度较低、离职率较高、换岗率较高的状况是与此有关联的。

（一）素质教育讲坛实施的实践探索

为了规避功利主义至上、技能至上的价值取向，引领学生践行社会主义核心价值观，真正意义上拓展学生素质，实现学生全面发展，提升学生竞争软实力的目标，笔者所在学校于2011年成立校园素质教育讲坛，以内涵丰富、格调高雅、组织有序、经典实用的讲坛文化帮助学生构建知识、发展能力、提升素质、生成意义。

素质教育讲坛以社会主义核心价值观培育与践行为目标，从以下方面做出努力：

一是坚持"一个中心"，瞄准目标不偏颇。讲坛以"育人为本，德

育为先"为"一个中心",以"弘扬人文精神,提高人文素养"为宗旨,按照选题求"准"、讲师求"优"、方式求"活"的原则,邀请学校知名教师和校外专家学者、各级领导、企业人士和校友中的模范人物,为广大学生讲授理想信念、品格育成、传统文化、演讲口才、人际交往、职业素养、生涯规划、社交礼仪、新生适应等知识。讲坛以讲座为主要形式,以前期宣传、中期记录、后期报道为步骤强化效果,主题涉及政治理论解读、时事事件分析、传统文化与"三观"教育、职业核心能力提升、行业文化对接、心理健康维护以及美学、生涯规划、法律知识。

二是把握"两个基本点",全面发展不跛腿。针对现如今高职高专学生一定范围一定程度上出现的"有知识无智慧、有技能无信仰、有规范无道德、有欲望无理想",文化底蕴缺乏、发展后劲不足的问题以及高职高专毕业生职业吻合度较低、离职率较高、换岗率较高的状况,讲坛以促进学生文化素质和职业素养提升为两个基本点,既注重对学生理想信念、传统文化、个人修养、道德品质、心理健康方面的教育,也注重职业特征、职业理想、职业道德、职业能力的教育,将文化教育与技能培育有机融合,既突出技能教育的主体功能,又注重发挥文化教育的辅助功能,彰显职业教育的真正特色。

三是突出"四个特色",展示魅力不老套。讲坛体现了"正""活""特""实"四个方面的特点:"正"——弘扬正气,坚持正确的舆论导向,在社会科学普及和理论宣传领域唱响主旋律;"活"——形式活泼、内容新颖、宣讲有活力,能紧紧把握住时代的脉搏,以参与、体验、交流、问答等多样化形式活跃讲坛氛围;"特"——各具特色,百花齐放,在主讲人员选择上实现了校内校外、领导与教师、理论思考与实践探索交相呼应的良好态势;"实"——实实在在,踏踏实实,讲坛在选题上紧密联系学生实际,从学生需要出发,自开讲以来,组织人员勤勤勉勉不间断地踏实开展,把教育人、引导人、鼓舞人、鞭策人与尊重人、理解人、关心人、帮助人统一起来。

(二)素质教育讲坛之于社会主义核心价值观培育的重要意义

1. 素质教育讲坛成为坚持以人为本,全心全意为学生服务的突出阵地。以人为本是科学发展观的本质和核心,是中国共产党人坚持全心全意为人民服务的党的根本宗旨的体现。十八大报告明确指出,"必须更加自觉地把以人为本作为深入贯彻落实科学发展观的核心立场,始终把实现好、维护好最广大人民根本利益作为党和国家一切工作的出发点和落脚点"[①]。以人为本回答了为什么发展,发展"为了谁"以及怎样发展,发展"依靠谁"的问题。以人文本的理念运用到教育中来,就是要以学生为本,以学生的成长与发展为本。素质教育讲坛从内容的选择到形式的组织充分地体现了以人为本的教育理念。讲坛选题时,通过设计调查问卷在全校范围内就学生感兴趣的讲座主题展开了解,从实际出发,结合学生需要,以促进学生成长、成才、成功为目标开设专题。"解读大学学习"专题帮助学生尽快适应大学生活,走好大学第一步,"解读升学现状"专题满足在校生对学历提高的要求,解决学生在升学路上的困惑,"校园说法"专题增强学生的法制观念和自我保护意识,"职业生涯规划"专题解答职业生涯规划中的困惑,指引学生为及时、优质就业及职业发展做准备,"体态礼仪""服饰礼仪""现代职场与社交商务礼仪"系列专题指导学生学礼、知礼、习礼,提升学生文明礼仪的水平和素养,"感受行业美"专题传统文化专题进一步提升学生专业认知水平与职业素养意识,帮助学生更好地了解所学专业从业现状与职业要求,"弘扬传统文化"专题提升学生在国画、书法、诗词方面的赏析素养和情操。在主讲人的挑选上,邀请校内外学术有造诣、术业有专攻、传道有魅力的老师走上讲坛,邀请历届优秀毕业生返校座谈与交流,以主讲人的人格魅力、学术造诣、成长经历启迪学生思索,帮助学生提高人文素质;讲授过

---

① 胡锦涛. 坚定不移沿着中国特色社会主义道路前进为全面建成小康社会而奋斗[N]. 人民日报,2012-11-09(03).

程中,鼓励主讲人使用现代化多媒体技术,提倡多提问、多讨论,重视互动与交流;每学年在全校范围内跟踪了解学生对讲坛的评价并征求与采纳学生对讲坛效果提升的建议,以解放思想、实事求是、与时俱进、求真务实的精神实质实践、变革、创新讲坛。

2. 素质教育讲坛成为促进全面协调可持续发展,实现素质教育效果提升的有效渠道。人是社会的人,社会是人的社会,只有人的全面发展得到提升,劳动能力得到提高,社会生产力才能持续发展。作为社会主义合格的建设者与接班人,应该是德智体美劳全面发展的人才,这不仅是社会主义教育的办学方向,更是社会发展的手段和终极目标。素质教育是实现人的全面发展的根本途径之一,人文素质、人文知识、人文精神是关系学生持续发展的内动力,是促进学生不断进取的强大合力。为更大限度地帮助学生成长,高职教育需要实现培养懂技术会操作的"职业人"向具有健康人格、强烈社会责任感的"社会人"转变。素质教育讲坛先后开设"学习十七届六中全会精神,树立正确的世界观、人生观","勿忘国耻,振兴中华","解读十八大报告精神——新思想、新观点、新论断"专题讲座,对学生开展有中国特色社会主义理论体系、爱国主义、政治信仰、理想信念、价值取向教育,以有效地宣传党的科学理论来弘扬社会正气,塑造美好心灵,倡导科学精神;开设"唐诗宋词鉴赏""苏轼的文学与人生""谈理科生为什么要读文史哲""企业文化校园行"专题讲座,通过对传统文化的鉴赏与对行业文化的对接宣传社会主义先进文化,激发学生对传统文化学习的兴趣和重视,对行业文化的熟知与认同,促进学生整体人文素养的提升;开设"大学生心理健康常见问题识别与调试""生活中的美学""大学生人际关系问题及应对策略"专题讲座,指导学生在心理健康保健与维护、审美观树立与审美能力提升以及人际交往上自觉地关注内心、关怀他人、关怀社会、关怀人类、关怀自然。

(三)素质教育讲坛实施的经验总结

1. 领导重视、经费投入是素质教育讲坛健康发展的基础。讲坛由校分管学生管理工作的副校长全面指导,在经费、场地、宣传上进行保障,学校分管领导积极为素质教育讲坛全盘谋划,安排部署,并多次邀请不同领域的专家、社会人士来讲坛开讲,校领导的高度重视与全力支持是素质教育讲坛能够有效、长效开展的坚强后盾。

2. 教师关注、学生参与是素质教育讲坛顺利开展的支柱。学校素质教育讲坛主讲教师以校内老师为主体,校内老师的激情参与以及负责组织、宣传工作的教师的辛勤付出是素质教育讲坛的精神资源,而学生的积极参与、亲身体验、有效反馈是素质教育讲坛的力量源泉。

3. 严格考勤、奖励到位是素质教育讲坛持续前进的黏合剂。高职高专院校学生在校时间短,学校素质教育讲坛听讲对象以一年级学生为主,以组织和自愿为参加形式,同时为激励学生参与讲坛的积极性,发放"素质教育讲坛听讲场次统计卡",专人负责考勤、打卡与统计,一学年内听讲次数达 8 场次及以上者,颁发"素质教育参与优秀学员"证书。

(四) 素质教育讲坛实施的问题关注

1. 高职高专院校主讲人人才库建设与资源不足间的矛盾。素质教育讲坛在实施过程中存在着主讲人人才库建设的瓶颈问题,校内老师构成讲坛主讲人的主体,而高职高专院校学识渊博、人生阅历丰富、知名度高、演讲才能突出、学术素养优良的教师和专家学者毕竟有限,讲座人才与资源的进一步挖掘和整合,讲坛主讲人人才储备是素质教育讲坛实施需要解决的基础问题。

2. 学生对讲坛需求的肯定与行动懈怠间的矛盾。调查显示,在问及"您对自己非专业素质以外的其他素质,如思想素质、道德素质、心理素质、人文素质的评估"时,58%的学生表示不满意或基本满意,87%的学生表示素质教育讲坛对个人人文素养的提升有帮助;而在问及"您愿意用自己的休息时间参加素质教育讲坛吗?"时,只有29%的学生表示愿意。这依然是知与行的问题,学生已经认识到自身人文素养的有待提高,也认为素质教育讲坛对提升自身人文素养有帮助,但在具体行动落实上不愿付出。

3. 学生对功能性专题的热衷和对建设性专题的冷漠间的矛盾。解读升学现状、礼仪系列讲座、行业文化系列讲座受到学生的热烈欢迎,而传统文化教育、"三观教育"、道德修养加强、政治理论解读专题讲座则不为学生所看重。

第五节 以创新创业为突破口,实现社会主义核心价值观培育的时代化

《国务院办公厅关于深化高等学校创新创业教育改革的实施意见》中指出,"深化高等学校创新创业教育改革,是国家实施创新驱动发展战略、促进经济提质增效升级的迫切需要,是推进高等教育综合改革、促进高校毕业生更高质量创业就业的重要举措"[①]。

(一) 大学创新创业教育与社会主义核心价值观培育的内在一致性

1. 价值目标一致

目标的一致体现在两个方面:一是基于人的发展。"培养什么人"关系所有教育活动的方向和性质,创新创业教育和社会主义核心价值观培育对此问题都做出了回答。创新创业教育,目标在于开发和提高学生的创业创新素质,培养学生的事业心、进取心、开拓精神、创新精神,传授创业知识、培养创新精神、提升创业素质,提高大学生的开拓能力和可持续发展能力,使之成为社会发展所需要的高素质复合型人才。创新创业教育不仅能培养一大批精英人才,造就一批

---

① 参见国务院办公厅关于深化高等学校创新创业教育改革的实施意见(国办发〔2015〕36号) http://www.gov.cn/zhengce/content/2015-05/13/content_9740.htm. 相关内容。

未来社会的中坚力量,还能促进全新成才观的形成。社会主义核心价值观是"精神支柱,是行动向导,对丰富人们的精神世界、建设民族精神家园,具有基础性、决定性作用"①,创业教育与核心价值观教育共同的价值取向就是要培养胸怀祖国、具有高度的社会责任感、追求公平与正义、富有创新创业精神的社会主义的建设者和接班人。无论社会主义核心价值观培育还是创新创业教育都是为了助力于人的全面发展。

二是基于社会的进步。党的十九大报告提出:"鼓励更多社会主体投身创新创业","大规模开展职业技能培训,注重解决结构性就业矛盾,鼓励创业带动就业",以创业带动就业,是解决当下结构性就业困难的一剂良方,是促进和谐社会稳定发展、减轻就业压力、创造就业机会的重要措施。"为什么"创业,这是每一个创业者首先要明确的问题,它是创业者行为的内因,是创业价值观的核心。创业者的创业价值观主要包括:对社会、对国家作出贡献,积累财富,挑战现状,谋求个人发展。增强创业者的社会责任感和国家意识,希望通过自己的智慧和努力来创造财富,这与社会主义核心价值观引导人们从国家、社会、个人三个层面努力,为构建和谐社会、促进人的全面发展而努力是不谋而合的。

2. 教育关键点的一致性

核心价值观教育作为思想政治教育的主要内容,要遵循思想政治教育的普遍规律,从知、情、意、行四个方面确保大学生核心价值观培育及践行取得切实成效,"知、情、意、行"分别表示核心价值观的理论认知、情感认同、价值自信、自觉实践。从知到行,内化于心,外化于行,掌握核心价值观的理论知识不是目的,关键在行。创业教育作为一种新的人才培养理念和人才培养模式,其教育的着力点同传统

---

① 参见在全社会大力培育和践行社会主义核心价值观. 中共共产党新闻网. http://theory.people.com.cn/n/2014/0512/c352499-25006094.html. 相关内容。

的专业教育,也主要体现在"知、情、意、行"等四个层面。"知"是指创业知识和创业认知,"情"是指创业意识和情感认同,"意"是指创业精神,"行"是指创业实践。无论是创业教育,还是核心价值观教育都需要在"知、情、意、行"等四个方面下功夫,着力构建完善的教育体系。

(二) 以创新创业为突破口,推进社会主义核心价值观培育

1. 以社会主义核心价值观引领创新创业教育。创业信念是创业是否成功的主要因素。创业过程中,虽然当代大学生主流是能乐于面对困难并迎难而上,但大学生由于缺乏市场意识及商业管理经验,缺乏必要的实践能力和经营管理经验,每个创业的大学生在创业初期都要经历一个较为痛苦的时期,其中的挫折和失败犹如家常便饭,而新创业的大学生,一旦遇到预期与现实强烈的反差,在挫折与困难面前容易出现不同程度的理想信念模糊、价值观扭曲、政治信仰不够坚定、心理素质弱、团结协作观念较差、艰苦奋斗精神淡化、社会责任感缺乏、诚信意识淡薄等核心价值观的偏差问题。必须将社会主义核心价值观培育融入大学生创业教育,引导大学生树立积极的创业精神和生活态度,培养坚定的信念和坚强的意志。

2. 以社会主义核心价值观明确创新创业人才培养目标。从战略意义上来讲,将社会主义核心价值观培育融入大学生创业教育,是培养社会主义合格建设者和可靠接班人的重要保证。青年的价值取向决定了未来整个社会的价值取向,我们培养的创业者不仅要有成就事业的专业能力,还应该具有理想信念、国家感情、社会责任、敬业助人和诚信友善精神。这样的人才才能真正肩负起党和人民赋予的历史重任,为实现中国的复兴之路和强国之梦奋斗不息。

3. 以社会主义核心价值观为大学生指明创新创业实践方向。一方面让大学生创业少走弯路,避免大学生误入歧途。只有在正确的价值观、人生观、道德观、法制观指导下进行创新创业,大学生的创新创业路才能走得更加坚定和踏实。"富强、民主、文明、和谐"作为国家层面的价值目标回答"为什么要创新创业"的问题,深入推进大

学生创新创业教育,是实现富强、民主、文明、和谐的社会主义现代化国家的关键因素。"自由、平等、公正、法治"作为社会层面的价值取向回答"如何创新创业"的问题,只有遵循了公正与法治,才能创造出良好的社会环境保障和创业生态保障,才能享有更大的自由与平等。"爱国、敬业、诚信、友善"是公民道德行为选择的基本价值标准,回答"怎样创新创业"的问题,爱国能增进创新创业者的责任感和使命感、增进创新创业者的归属感和自豪感、增进创新创业者的抗压力和耐挫力;创业是艰辛的,需要勤奋踏实的实干精神,而敬业保障全身心投入,脚踏实地将创新创业进行到底;诚信是个人创新创业得以持续和发展的生命力,是创新创业成功的无形资产和肥沃土壤,以诚信规范和约束创新创业者的欲望和行为,在创新创业过程中不制假造假,不夸大事实,不坑蒙拐骗,不以次充好,以社会道德和法律要求为底线,可以保证创新创业者不逾矩,不犯错;友善是大学生创新创业的内引力,体现在以仁爱之心建构创新创业的自我修养机制,增进创新创业者个人吸引力,能构建创新创业的良好人际关系,增进创新创业的社会支持力,增进创新创业的资源整合力。赢得创新创业人与社会、人与自然、人与人、企业与企业之间的和谐共生,建立荣辱与共的命运价值共同体,整合一切可以促进创新创业成功的要素,发挥共同体总效用于各部分之和的功效,提升创新创业者成功的胜算。

如果说创新创业教育是深化高等教育改革的"排头兵",那么,社会主义核心价值观培育就是深化高等教育改革的"生命线"。以创新创业教育为突破口,来推进社会主义核心价值观培育与践行,实现了社会主义核心价值观从理论形态向实践形态的转化,以社会主义核心价值观理论引导学生创业价值取向,以社会主义理想激发学生创业精神,以社会主义法律道德规范学生创业行为,有助于培养既有创新精神又有创业能力的人才,提高大学生的就业质量。

高校在教育活动中,要对创新创业教育有准确的认知,充分认识到创新创业人才培养的定位,不能简单地认为创新创业教育就是为了缓解学生的就业压力,认识到创业的本质和创业之于人的全面发展的意义,转变创新创业教育理念。

(三)构建由接受创新创业教育、开展创新创业实践、参加创新创业竞赛三位一体为内容的创新创业教育

1. 组织保障

一是构建校系两级保障体系,形成学校宏观层面指导协调和系部微观层面践行落实相融合的格局。依赖校内各个子系统的联动,构建优质高效的创新创业素质认证体系,实现全方位、全过程的跟踪、咨询、服务、诊断和精细化、数量化管理;二是学校成立创新创业教育指导委员会,将大学生创新创业实践作为培育与践行社会主义核心价值观的重要途径实施,实施大学生创新创业素质认证。创新创业教育指导委员会领导、组织、协调和指导学生的创新创业活动,创新创业教育指导委员会由校主要负责人牵头,学生处、教务处、团委、各党总支、各系部共同参与。通过加强组织领导,把开展创新创业活动作为重要内容纳入社会主义核心价值观的培育与践行,并形成多部门配合,全体师生积极参与的领导体制和工作机制;三是系部成立创新创业教育活动领导小组。小组由校内外、专兼职教师组成,聘请创业成功的校友、企业管理者担任创业导师,领导小组负责创新创业素质认证体系在深化认同、推进内化、外化于行上实施具体行为,落实具体行动。

2. 平台保障

一是将大学生创新创业教育平台作为大学生社会主义核心价值观培育与践行的平台之一进行建设,营造人人关注、共同参与、广泛认可的创新创业生态,为学生积极主动参与创新创业营造良好氛围;成立大学生创新创业服务中心,由校就业指导中心负责,设专职工作人员。对自主创业学生实行持续帮扶、全程指导、一站式服务。二是结合智慧校园的建设,为学生提供信息终端服务;指导开展创业项目

对接、知识产权交易；研发适合学生特点、针对区域需求、彰显行业特色的创业培训课程，开发创业培训慕课（MOOC）和微课，建立创新创业类教学资源库；与教育培训机构、行业协会、群团组织以及企业联合开发创业培训项目。三是发挥校园创业孵化基地的作用。建设具有鲜明特色的校级创新创业实训基地，为学生创新创业教育活动和能力培养提供实践环境与必要条件。通过亲身经历创业活动，使具备创新创业潜质和创新创业热情的大学生的创业潜能得到进一步的开发、锻炼和提升。四是发挥职业教育集团的作用。探索院校、行业、企业、社会组织等共同组建的具有行业特色的区域型、复合型职业教育集团。强化产教融合、校企合作，建立校中厂，引领学生了解市场，体验技术创新和科技转化。五是发挥大学生创新创业社团的作用。激发学生自主开展形式多样创新创业实践的热情与活力，校园内创新创业身影的活跃，朋辈的影响助力浓郁的创新创业文化氛围的形成和创新创业教育的落地、生根、发芽、成长。

3. 措施保障

一是以社会主义核心价值观为引领制定人才培养模式新标准。人才培养模式是教育质量的核心问题，也是教学改革的关键内容。创新创业教育以改革人才培养模式为重点，以提升学生的社会责任感、创新精神、创业意识和创业能力为核心，不断提高人才培养质量。校内相关部门，校外行业企业，要结合学校办学定位、服务面向共同修订专业人才培养标准，修订人才培养方案，细化创新创业素质能力要求，为创新创业素质提升提供向上的内部驱动力。

二是以社会主义核心价值观为引领构建创新创业课程新体系。创新创业教育课程是实现创新创业教育的主要途径。教学机构依据教学规律，尊重学生现状开发课程新体系，课程体系要有别于一般的专业知识理论传授，重点在增强创新创业类课程的生机与活力、吸引力与创新力上下功夫。建设依次递进、有机衔接、科学合理的创新创业教育专门课程群。

三是以社会主义核心价值观为引领推进学籍管理新改革。学校实施弹性学制,放宽学生修业年限,允许调整学业进程,保留学籍休学创新创业。为有意愿有潜质的学生制定创新创业能力培养计划,建立创新创业档案和成绩单。

四是以社会主义核心价值观为引领建立创新创业激励新政策。将创新创业素质能力作为大学生创新创业基金、大学生创新创业奖学金评比的必要条件之一;举办"小发明小创造"活动,开展成果展示交流会,对优秀成果推荐申报国家实用新型专利;开展创新创业素质认证,依据认证等级的不同转换为不同的学分,作为优先推荐参加创新创业竞赛、享受创新创业扶持的参考条件。

五是以社会主义核心价值观为引领丰富第二课堂。定期举办校内大学生创新创业大赛,举办创新创业论坛、经验交流会、事迹报告会,邀请企业家及相关领域的政府官员到校讲座、对话,组织学生到企业参观学习,组织参加校外创新创业类实践与竞赛,遴选创新创业先进,宣传创新创业典型。通过第二课堂多样化的创新创业实践活动,既实现不同专业、不同年级学生的自由交流,激发创业动机与需求,又实现润物细无声,将创新创业素质培养与第二课堂成绩单互为促进、彼此融合的目标。

第六节 以微途径教育引导为推手,实现培育的新颖化

随着移动互联时代的到来,一种新的文化形式——微文化迅猛发展起来,我们进入了微文化时代。我们不仅可以借助传统的方式比如宣传栏、校园广播站,更可以借助微博、微信、微电影、微课等微文化方式培育与践行社会主义核心价值观。微博、微信、微电影等这些以去中心化、动态化、碎片化、零散化、实时化为特征的新兴传播方

式、文化形态已经在潜移默化间重新定义了我们的时代。相对于其他群体，大学生对微文化更为热衷、投入。微文化对大学生的思想、学习和生活的影响愈来愈深刻，这种影响就像一把双刃剑，既可能有利于也可能有损于学生的成人成才。在微文化时代，怎样克服微文化给大学生社会主义核心价值观培育带来的消极影响，尽可能发挥其在大学生社会主义核心价值观培育中的积极作用，同样也是摆在高校思想政治教育工作者面前的一个重要问题。

（一）对微途径培育社会主义核心价值观的理解

微途径培育即基于微文化视域下，以"短、平、快"为特点，以便捷、通俗、动态、个性为优势，围绕育人目标通过清晰微方向、组建微队伍、搭建微平台、生出微产品、打造微品牌、开展微认证等方式来实现导向性育人的系列举措和渠道。

微途径教育培育社会主义核心价值观即以教育引导学生认同、践行社会主义核心价值观为方向、核心，以微的形式、途径、特点多角度多举措开展系列探索，最终实现有效引导，达成社会主义核心价值观培育与践行的目标。

青少年是微途径传播的天然主体和最活跃群体。与传统方式的教育引导相比，微途径教育引导短小精悍、新颖活泼、个性吸引、极速传递，易被"95后""00后"所接受。微途径培育社会主义核心价值观是通过系列立体化多途径看似"微不足道"的行为、举措、渠道，从细微之处影响大学生价值观的树立，实现以点带面、以点成线、以小搏大、微力无比的强劲冲击力的效果。微文化时代下产生了微博、微信、微电影等新的思想政治教育载体，思想政治教育工作者要熟练利用这些新载体来进行社会主义核心价值观的培育。可以利用微博来创建新的交流平台，让交流方式不那么严肃，使交流方式更加生动活泼。也可以利用微电影这种形式来宣传社会主义核心价值观的具体含义，让大学生心灵产生共鸣，进而发自内心地认同社会主义核心价值观。可以利用微信公众平台与大学生进行互动，通过这些让学生倍感亲切的方式使社会主义核心价值观真正走进大学生的生活世界。

（二）微途径培育社会主义核心价值观的实践探讨

1. 清晰微方向。方向清晰，方能不偏不倚，有所收获。在微途径培育社会主义核心价值观问题上，要紧扣社会主义核心价值观培育这个目标，着眼价值引领、思想引导，通过事实呈现、亲身体验、启发思考，从观念上、思想上引领学生。

2. 搭建微平台。搭建"四微"立体平台，一是搭建以微信、微博、微课、微视为组合的"四微"载体平台；二是搭建以基层微服务、微志愿、微行动、微体验为形式的"四微"践行平台；三是搭建以微论坛、微语录、微班会、微纪实为主题的"四微"展示平台；四是搭建以微演讲、微摄影、微写作、微小品为主题的"四微"竞赛平台。"四微"平台紧扣社会主义核心价值观培育这个中心，以现代化的微环境、微媒体为依托，以学生的认知、特点为基础，以推进知行统一、有效参与为抓手，以促进学生成长、能力提升为动力，以达成观念转变、思想引领为目标，立体化、多角度、多载体、多途径培育社会主义核心价值观。

3. 生出微产品。一是生出固化产品，包括微媒体在线展示产品，微平台制度化的制度产品，微平台纪实、整理、展示的刊印产品以及粘贴、宣传的海报类、橱窗类的环境产品；二是生出人力产品，打造一支由校内教师与校外人士、教师与学生、毕业生与在校生共同组成的微队伍，承担活动组织、策划、主持、参与、服务、总结、展示以及技术支持、微媒体维护等工作；三是生出精神产品，通过微平台的展示、竞赛、践行、体验、选树典型、模范引领、行为激励，突出表现在共识共行氛围的营造和立足基层观念的深入人心；四是生出品牌产品，依托微平台多样化活动的开展，打造赋有立足基层精神内涵的微途径教育引导品牌，并固定化、制度化、专业化、精致化、周期性实施，成为一杆旗帜，达到内化于心、外化于行的实效。

(三) 微途径培育社会主义核心价值观应注意的问题

1. 避免"微浪费"

"微文化"是一种快餐文化,具有传播内容的碎片化,传播行为的去中心化,传播频率的几何级数化,传播架构的超级链接化的特点[①],对人们的学习生活、思维方式、行为举止产生巨大的冲击和影响,尤其是青少年群体。红色地带、黑色地带和灰色地带信息相互激荡[②],让人们难以适从,难辨真伪,迷失方向,错误作为,由此带来大量的"微浪费"。这个现状警醒教育工作者在教育引导时务必要紧扣社会主义核心价值观培育这个中心,虽微、虽碎、虽散但要微中见大、碎中见一、散中见整,如同心圆般扩散展开,围绕社会主义核心价值观这个中心,模块化、专题化、系列化实施,避免迷失方向和不能有效引导,造成大量的"微浪费""微无为"。

2. 要有"微创新"

创新以事实需要为基础,以实际问题解决为落脚地,在社会主义核心价值观培育这个问题上,依托微平台系列活动的实施和多个载体的呈现,注重总结分析,注重关注学生的微变化、微声音,深入分析微现状、微动态,既尊重学生的特点状况,又与时俱进,抓住新常态,既活跃创新教育引导的微途径,又激发学生作为主体参与的积极性。

第七节 以大学生社会责任感培养为抓手,实现培育的方向化

(一) 责任感培养之于社会主义核心价值观培育的重要性

每一个中国人都有为中华民族的繁荣富强不断奋斗的责任。责

---

① 盖琪.微电影传播与青年文化建构[N].光明日报,2013-12-24(14).
② 张春美,陈继锋.微文化生态下的社会主义核心价值观培育[J].安徽师范大学学报(人文社会科学版),2014(1):67.

任是每个公民应尽的义务,也是践行社会主义核心价值观的动力。人生活在社会中需要承担各种责任,其中最重要的是对社会的责任。社会责任感是指社会成员(包括个人、企业、团体等社会个体)基于对自身利益与社会利益关切的认识所形成的自觉为社会尽责任的意识,以及在这种意识作用下产生的经常性行为动机[①]。社会责任感在不同的经济关系、不同的社会形态下有不同的内涵:战争年代,社会责任感体现为保家卫国,抵御外侵;和平年代体现为爱岗敬业,无私奉献;封建社会体现为忠诚孝义;社会主义社会体现为为人民服务。"凝神聚气,强基固本"是习近平总书记对社会主义核心价值观所做的高度概括。这一概括,集中体现了核心价值观是中华民族伟大复兴不可取代的前进动力。普遍增强社会成员的社会责任感是培育与践行社会主义核心价值观的重要途径。这是因为社会责任感是建立在对社会发展的强烈关切的基础之上的,社会责任感越强,对社会的现状和未来就越关切。一个有社会责任感的人,当他意识到社会主义核心价值观是有利于社会发展和人民幸福的时候,他就会自觉地将社会主义核心价值观转变为自己的内心信念和自觉追求。相反,如果社会成员缺乏社会责任感,对社会的现状和发展漠不关心,那么,再好的核心价值观、再有可能实现的美好蓝图,都会被看做与己无关。

对国家、社会以及他人的责任态度,是每个大学生必须具备的基本品质,是大学生人格健康的集中体现,是大学生成人、成才的重要标志。当前,部分大学生社会责任感的淡化成为高等学校人才培养工作中不可忽视的现象。加强大学生社会责任的教育培养,增强大学生的主体意识、集体主义和奉献精神,把他们培养成具有强烈社会责任意识的高素质人才,是推进有中国特色社会主义事业可持续发

[①] 江畅,林季杉.社会责任感与核心价值观践行[N].光明日报,2013-07-27(11).

展的必然要求,是实现中华民族伟大复兴历史使命的迫切需要,是全面建设社会主义现代化强国的关键所在,是坚持立德树人、推动高等教育内涵式发展的根本要求,是高等学校人才培养工作的着力点和衡量人才培养质量的第一要素,是培育和践行社会主义核心价值观的方向所在。

(二) 社会责任感培养的实践

《国家中长期教育改革和发展规划纲要(2010—2020年)》已将"着力提高学生服务国家服务人民的社会责任感"作为未来高水平创新人才的核心素质,列入了教育战略主题的重要内容[①]。中共中央、国务院发出的《关于进一步加强和改进大学生思想政治教育的意见》强调,要"使大学生正确认识社会发展规律,认识国家的前途命运,认识自己的社会责任"。依据"以培育践行社会主义核心价值观为引领,丰富和深化大学生社会责任教育培养的内涵,用爱国情怀、民族精神激发大学生的社会责任,用崇高理想、远大目标培养大学生的社会责任,用集体观念、奉献精神增强大学生的社会责任,用诚实做人、守信办事树立大学生的社会责任意识"[②]。加强大学生社会责任的教育培养,增强大学生的主体意识、集体主义和奉献精神,培养具有强烈社会责任意识,能主动帮助他人、服务社会、奉献社会的高素质人才。

1. 培养途径(结合笔者所在学校社会责任感培养实际)

一是通过举办社会责任教育讲座,组织学生参加各种公益活动、慈善活动、志愿者活动来提高大学生的社会责任意识。如围绕弘扬

---

① 参见国家中长期教育改革和发展规划纲要(2010—2020年).中华人民共和国教育部 http://old.moe.gov.cn//publicfiles/business/htmlfiles/moe/s4693/201407/xxgk_171904.html.相关内容。

② 参见安徽省教育厅关于深化高校教学改革加强大学生社会责任教育的意见.安徽教育网 http://www.ahedu.gov.cn/30/view/286152.shtml.相关内容。

道德模范精神,自觉承担社会责任;增强社会责任感,争做优秀大学生;当代大学生在中国特色社会主义建设事业中的社会责任等主题对在校学生开展社会责任教育讲座。

二是积极组织各种社会实践活动,鼓励学生自主组织活动,利用所学专业知识服务社会、奉献社会。如学生平均每教学周的社会责任服务(不以获得报酬为目的的,自愿奉献时间和智力、体力、技能等,帮助他人、服务社会的行为)时间不少于1小时。

2. 保障机制

一是纳入学分。如学生社会责任培养总学分7分,其中讲座1学分,社会责任服务6学分。社会责任服务内容(6学分),包括义务劳动16小时(1学分),青年志愿者服务16小时(1学分),慈善、公益活动16小时(1学分),社会实践活动16小时(1学分),社团服务16小时(1学分),个人组织的社会服务活动16小时(1学分)。

二是学分使用。计入学生本人的成绩档案,作为获得毕业证书的必要条件之一;在评奖评优时,在同等条件下优先考虑获得社会责任服务学分分值高的学生。

三是管理与实施。教务处负责组织大学生社会责任教育培养方案的制订与实施,负责组织各专业人才培养方案的修订与实施;学生处负责社会责任服务活动的组织与实施;思政教研部负责社会责任教育讲座的组织与实施;各系(学)部负责专业人才培养方案的修订与实施。

3. 社会责任服务学分的认定

一是社会责任服务学分申请在每学期期末进行。

二是学生填写"社会责任服务学分申请表",并附相关支撑材料,提交所在系(学)部,系(学)部安排专门教师进行审核确认后,计入成绩档案。申报材料和支撑材料由系(学)部妥善保管。

三是教务处会同学生处对全校申报材料进行抽查、审核。

四是如遇特殊情况或对社会责任服务学分的认定出现争议时，由教务处组织专家认定。

五是对弄虚作假者，取消其已获得的社会责任服务学分，并依据相关规定给予严肃处理。

第八节 以榜样教育为外推力，实现培育的具象化

（一）榜样教育的意义

建构榜样示范教育模式是引领大学生自主践行社会主义核心价值观的有效方式。榜样示范教育模式是思想政治教育工作者通过宣传践行社会主义核心价值观的典型和学习其先进事迹的方式来触动大学生的情感，促使他们对照先进找差距，激励其自主践行社会主义核心价值观的教育方式。俗话说"榜样的力量是无穷的"，榜样教育法具有生动、具体、形象、说服力强，易产生感情共鸣，易受到启迪的优点，通过榜样的真实事件，以榜样的可亲、可敬、可信、可学将抽象的社会主义核心价值观转化为活生生的具体形象，让学生更加生动形象地理解和把握社会主义核心价值观的本质特征，自觉地认同和践行社会主义核心价值观。

（二）榜样教育的实践

1. 优秀学生事迹报告会

笔者所在学校近年来连续六年开展优秀学生事迹报告会，以社会主义核心价值观为切入点，在全校范围内遴选优秀学生事迹，他们中既有自立自强、励志成才的感人事迹，又有勇敢面对现实、与命运顽强抗争的动人故事；既有从地震废墟中顽强站起来，挺起不屈脊梁的当代大学生，又有战胜自我、快乐成长的优秀学生楷模；既有感恩

父母、感谢学校、回报党恩的深情厚谊,又有爱校如家、报效国家的豪情壮志。由学生处组织成立优秀学生事迹报告团,在全校范围内组织宣讲,发挥校园典型和学生身边榜样的示范引领作用,营造顽强拼搏、奋发成才、创新创业、服务社会的氛围,树立艰苦奋斗、奋发图强的学习榜样,使同学们能够从身边人、身边事,感受到先进典型的感召作用,更加明确学习目的和努力方向,进一步发挥优秀大学生的示范作用,促进学校优良校风学风建设。

2. 评选十佳大学生

笔者所在学校从 2014 年 11 月份开启"十佳大学生"评选活动,活动评选有系(学)部推荐、组委会初审、网络投票和专家评审等环节,在道德示范、科技创新、社会实践、志愿服务、创新创业、自强奋斗、技能标兵、文艺创作、学风创优、体育锻炼和民族团结等 10 个类别中,从近百名推荐的学生中推选出候选人参加现场复选。现场复选采取现场演讲、专家赋分的形式完成,经评选,推荐"十佳大学生"。学校通过校园宣讲会对"十佳大学生"的先进典型进行宣传,充分发挥先进典型的示范引领作用,引导全校学生刻苦学习、顽强拼搏、奋发成才、服务社会,在全校范围内形成学先进、争模范的良好氛围。

3. 在班级树立旗帜

以班级为单位开展"红色之旅""红色影片展播"活动,树立爱国主义和民族精神的榜样;实施"一名党员,一面旗帜"工程,在党员中开展"我为党徽添光彩""我为同学办实事"等活动,切实发挥党员的榜样作用;收集历届毕业生的优秀事迹,编辑成册,在班级进行宣传与传阅,邀请优秀毕业生返校开展校友论坛与交流会,建立优秀毕业生榜样群;重视雷锋月活动的开展,以雷锋为榜样践行社会主义核心价值观。

第九节　以主题班会为助推力，实现培育的模块化

主题班会是在辅导员或班主任的指导下，以班级为单位，由学生围绕特定主题所开展的有目的、有计划、有组织的思想政治教育活动。主题班会具有主题灵活多变、形式多种多样、内容针对性强、师生互动充分、情绪感染明显等优点，是课堂思政的有效补充，是开展思想政治教育，进行社会主义核心价值观培育的重要阵地。通过主题班会的有效开展，可以帮助学生明辨是非、提高认识，增强学生对社会主义核心价值观的认同，提高学生的自我调控能力，增强社会责任感，促进学生全面成长。

在主题班会的选题和内容上，以社会主义核心价值观为灵魂，以思想政治教育为目标，以时代发展和大学生的思想实际为基础，对理论、知识、实际进行整合、组织、策划，将马克思主义指导思想、中国特色社会主义共同理想、以爱国主义为核心的民族精神和以改革创新为核心的时代精神糅合进来，分阶段、分年级、分对象展开教育，形成制度，从生活学习、理想信念、职业素养、职业指导等方面将模块分为新生适应教育、纪律教育、学习教育、生命教育、理想信念教育、党的知识教育、爱国主义教育、荣辱观教育、实践教育、挫折教育、诚信教育、团队教育、感恩教育等。以项目导向、任务驱动、问题探讨等形式组织主题班会，让学生在探讨、交流、互动、实践中认同社会主义核心价值观，领悟真理，提升自我。以下是笔者所在学校"两阶段四单元十六模块"主题班会框架（表5-1）：

表 5-1 两阶段四单元十六模块

年级	学期	序号	模块	主题	内容
一年级成人教育	第一学期生活学习	1	新生适应教育	安全	防火、防盗、防骗
				环境适应	①认识新环境 ②转换新角色
				人际交往	①有效沟通 ②宽以待人
		2	纪律教育	校纪校规	①《学生手册》在我心 ②公寓管理我知道
		3	学习教育	高效学习	①端正学习态度 ②明确学习目标 ③珍惜学习时间
		4	生命教育	关爱生命	①青春年华需珍惜——恋爱教育 ②珍爱生命拒毒品——禁毒教育
	第二学期理想信念	5	理想信念教育	理想信念	①追求远大理想,坚定崇高信念 ②在实践中把理想化为现实
		6	党的知识	党的知识	①没有中国共产党就没有新中国 ②党的常识我知道
		7	爱国主义教育	爱国主义	①爱国是中华民族的优良传统 ②做坚定的爱国者
		8	实践教育	实践教育	①社会实践——校园外的学习 ②条条大路通罗马
二年级成才教育	第三学期职业素养	9	挫折教育	挫折教育	①越挫越勇意志坚 ②身心健康才和谐
		10	诚信教育	诚信意识	诚信——立人之本
		11	团队教育	团队精神	①合作——优秀的团队精神 ②服从——优秀的职业精神
		12	意志教育	意志品质	①自信就是力量 ②专注就能成功 ③坚持就会胜利
		13	感恩教育	感恩	①感恩的由来 ②感恩的范畴 ③感恩、知恩、报恩

续表 5-1

年级	学期	序号	模块	主题	内容
二年级成才教育	第四学期职业指导	14	实习教育	实习	学习·实习·就业
		15	就业创业教育	就业创业	①推销自我,成功就业 ②寻找商机,成功创业
		16	文明离校教育	文明离校	①离校手续的办理 ②文明离校不是一句空话

第六章 高职高专大学生社会主义核心价值观培育的抓手

第一节 构建社会主义核心价值观引领的大学生综合素质认证体系

(一)大学生综合素质认证是推进社会主义核心价值观培育的重要抓手

1. 现行大学生综合素质评价存在问题

体现在:一是现行认证体系存在重成绩评定、轻素质评价的问题。目前对大学生素质评价的主流方式是综合测评法,一学年实施一次,一般由素质分、智育分、附加分、扣除分组成,素质分具体包括政治素质、思想素质、道德素质、法纪素质、心理素质、身体素质、实践创新素质等,智育分主要是过去一学年的学习成绩,所占比例为60%~70%,附加分涉及英语、计算机等级考试通过,参加竞赛获奖,担任班干等,扣除分主要涉及违反校级校规。综合测评结果依分数高低进行排名,排名顺序是评奖评优的最重要指标,依据综合测评完成优秀学生奖学金、三好学生的评选与认定,尤其是优秀学生奖学金,依综合测评排名名次由高及低进行获奖等级划分,其他如三好学生、优秀学生干部、优秀毕业生、党员发展甚至实习安排都与综合测评直接挂钩,用人单位以优秀学生奖学金、三好学生,英语、计算机等级考试等指标作为用人的标准,这些荣誉都是学生时代的荣耀与追求,对学生的发展具有导向性指示作用,可以说综合测评深深关系着学生的成长与发展。随着社会对复合型高素质人才的需求,综合测评法、等级考试认证法暴露出以分数为主要衡量标准的单一,综合测评指标存在着宏观抽象、结构单一,导向不明晰、项目不全面、方法不灵活、机制不健全、指标量化不够的问题,不能很好激励学生综合素质的提升,尤其是爱国、敬业、诚信、友善核心价值观的养成,学生的思想素质、人文素质、心理素质、创新与社会实践能力未能得到充分的激励和引领。

二是忽视学生多样化需求,影响学生个性化发展。追求个性,喜好丰富,有一技之长但学习动力不足,学习热情缺乏;渴望进步,追求价值,肯定努力但却无聊、空虚、迷茫、不知所措、不愿付出;愿意谦让、承担责任但却是有选择的。这些是95后高职高专青年学子的特点,启发高校要深挖学生积极因素,肯定积极面,克服消极面,鼓励多样化发展、个性化努力。

素质培养不是要把每个大学生都引领成一模一样的人,而是本着利于受教育者自我发展的原则,寻求针对性、特长性发展,充分尊重大学生的个性差异。在构建大学生素质评价体系时,应充分考虑大学生的个性形成与发展,促使大学生形成良好的个性品质。现行综合素质测评法存在指标设置求大求全、同质性强、特质性弱的问题,容易出现全面性有余而特色型不足以及无一不测评、测评无一用的状况,这对于促进多元成才、个性发展都是不利的,进而直接影响学生的终身成长。

三是社会主义核心价值观指标量化存在困境。综合测评指标中政治素质、思想素质、道德素质、法纪素质、心理素质、身体素质、实践创新素质宏观抽象,无法具体量化。在进行综合测评时,班级成立评价小组,组员由辅导员和学生代表组成,由于这些指标难以量化,且部分学生之间互相了解不够深入,存在凭印象赋分、凭主观评价的现象,同时辅导员以及学生代表为了明哲保身,本着"多一事不如少一事"的考虑，在赋分上不拉开差距，导致的结果是学生基本素质分几乎无差别，只能是依靠智育分和附加分拉开层次，常有的结果是学习成绩好综合测评分数就高，就能享受各种评奖评优，名为素质测评，实为成绩评价，致使素质测评仍未走出"应试教育"的窠臼。学生片面追求学习成绩，个性化发展缺乏，集体关心程度低，实践能力和服务社会热情缺乏，社会责任感度低，社会主义核心价值观所倡导的价值追求更是被学生抛之素质评价之外。

中共第十八次代表大会报告《坚定不移沿着中国特色社会主义道路前进为全面建成小康社会而奋斗》中指出，教育要培养德智体美全面发展的社会主义建设者和接班人，要全面实施素质教育。坚持以素质教育为核心，培养出较高素质的人才是时代对高等教育提出的新要求。科学、合理的综合素质评价体系不仅关系到用人单位的选贤用人，关系到学生的发展，更关系社会主义核心价值观培育与践行的落地生根开花。通过改革大学生素质评价体系，来诊断、矫正、管理、激励、指引大学生培育与践行社会主义核心价值观，构建兼顾第一课堂、第二课堂以及科学文化知识成绩与道德品质素质成绩双重评价的体系。

2. 多元智能理论为大学生综合素质认证体系建立提供依据

多元智能理论强调人不仅包括读写智能，还应包括语言智能、逻辑数学智能、空间智能、肢体运作智能、音乐智能、人际智能、内省智能、自然探索智能、存在智能。多元智能理论对于中国教育改革的意义体现在：

多元智能理论有助于形成正确的评价观。多元智能理论对传统的标准化智力测验和学生成绩考查提出了严厉的批评。传统的智力测验过分强调语言和数理逻辑方面的能力，只采用纸笔测试的方式，过分强调死记硬背知识，缺乏对学生理解能力、动手能力、应用能力和创造能力的客观考核。因此，是片面的、有局限的。多元智能理论认为，人的智力不是单一的能力，而是由多种能力构成。因此，学校的评价指标、评价方式也应多元化，并使学校教育从纸笔测试中解放出来，注重对不同人的不同智能的培养。

多元智能理论有助于转变我们的学生观。根据多元智能理论，每个人都有其独特的智力结构和学习方法，所以，对每个学生都采取同样的教材和教法是不合理的。多元智能理论为教师们提供了一个积极乐观的学生观，即每个学生都有闪光点和可取之处，教师应从多方面去了解学生的特长，并相应地采取适合其特点的有效方法，使其特长得到充分的发挥。

多元智能理论有助于形成正确的发展观。学校教育的宗旨应该是开发多种智能并帮助学生发现适合其智能特点的职业和业余爱好，应该让学生在接受学校教育的同时，发现自己至少有一个方面的长处，学生就会热切地追求自身内在的兴趣。

基于现行大学生综合素质评价存在的问题，基于多元智能理论，构建在政治素养与道德修养、社会实践与志愿服务、文化艺术与体育运动、创新创业与职业素养、技能培训与专业拓展上对学生进行 A、B、C 三个等级的综合素质认证体系。发现每个人最强的一面，作为发展的机灵点和重点，这是素质教育的关键。构建基于多元智能理论的大学生综合素质认证体系不仅能尊重学生的个性与特色，保护个体自主性和独立性的自由充分发展，更为重要的是有助于引导学生由只重视专业科学文化成绩向重视个人综合素质提升尤其是奉献社会、承担责任、提升品德方面的转变，以综合素质认证引领大学生从政治素养与道德修养、社会实践与志愿服务、文化艺术与体育运动、创新创业与职业素养、技能培训与专业拓展上做出践行和努力，不仅能全面推进素质教育，提高高职教育质量，满足与体现学生全面、协调、特色化、个性化发展的需求，更是为社会、用人单位人才评价提供精神文化层面的软指标，将对高职教育综合素质教育的推进产生广泛而深远的影响。

（二）大学生素质认证体系成为形势所需

随着素质评价体系的深入探索与实施，大学生综合素质认证体系应运而生，现在很多高校逐步改变单一的综合素质评价体系，由一元智育指标向德智体能等多元指标转变。综合素质认证能实现评定指标的具体量化，导向性、规范化明确了学生思想道德素质努力的方向，社会主义核心价值观培育由意识形态上的倡导转化为"行"上的具体践行。

为深入了解大学生个性化素质认证体系构建的科学性与可行性，笔者于 2014 年 11 月至 2015 年 4 月在在校生、毕业生、用人单位中分别就大学生综合素质认证体系开展需求与可行性调查。其中回收有效问卷分别为：在校生 2 185 份，毕业生 1 160 份，用人单位 239 份。

在问题"根据用人单位任用和选拔人才标准，从政治素养与道德修养、社会实践与志愿服务、文化艺术与体育运动、创新创业与职业素养、技能培训与专业拓展上开展大学生综合素质认证"的可行上，87.96％的在校生、90.52％的毕业生、93.49％的用人单位觉得"可行"。

在问题"从政治素养与道德修养、社会实践与志愿服务、文化艺术与体育运动、创新创业与职业素养、技能培训与专业拓展上，根据每位学生的个性优势开展素质认证"上，在校生中 82.89％的学生觉得很有必要，87.96％的毕业生建议学校开展，88.49％的用人单位认为此种评价体系对选用人才有帮助，可以为企业和社会培养更多的有用之人，并且 89.27％的用人单位表示愿意配合学校参与大学生素质认证。

（三）素质教育实践探索为大学生综合素质认证提供平台

为提升学生素养，高校做出长足的努力，首先是开发、开设素质与素养核心课程，如安徽省十余所高校联合开发了"品格育成与人生历练"、"形象塑造与自我展示"、"职业规划与创业体验"三门相对独立但内容紧承的子课程；其次是校园文化活动的精彩纷呈，如形象才艺大赛、歌手大赛、手工艺制作大赛、涂鸦大赛、主持人大赛、书画大赛以及各类文艺汇演、辩论赛、演讲比赛、话剧展演、各级大学生运动会等；再者是实践育人与志愿服务活动的持续开展，如"三下乡"、青年志愿者系列活动以及暑期社会实践；第四是创新创业的日益升温，如笔者所在学校通过"小发明小创造"活动鼓励学生创新，推荐优秀成果申报国家新型实用专利，随着《国务院办公厅关于深化高等学校创新创业教育改革的实施意见》的颁布，将进一步深化创新创业教育改革，普及创新创业教育，健全高校创新创业教育体系；第五是专业技能竞赛与职业资格证认证考试的丰富开展。

构建大学生综合素质认证体系意义重大，通过从政治素养与道德修养、社会实践与志愿服务、文化艺术与体育运动、创新创业与职业素养、技能培训与专业拓展上对学生作出科学合理的评价、认证，用素质认证指挥棒激励学生在重视专业知识、技能提升的同时重视个人精神道德状况的培育与践行，让社会主义核心价值观由"知"到"行"，由宏观倡导到微观定性，在量化指标上对社会主义核心价值观培育与践行进行评定，激励大学生自觉参与素质教育。

第二节　营造培育社会主义核心价值观的校园文化

社会主义核心价值观培育与践行要兼顾显性教育和隐性教育，校园文化作为高校校园环境的重要组成部分，是高校隐性育人的重要载体。自20世纪80年代"校园文化"被作为一个独立概念正式提出以来，有关校园文化的理论研究取得了巨大成果。人们的思维方式和行为习惯都是在一定的文化环境中形成的，校园文化环境是大学生对社会主义核心价值观进行准确认知和科学实践的重要场所。

大学文化和大学校园作为特定的"文化场"和"行为场",其文化氛围和文化资源可以给大学生提供相应的文化熏陶,从而产生文化认同。要充分重视和发挥校园文化在社会主义核心价值观培育中的隐性育人功能。

校园文化是典型的渗透、封闭式、无意识教育,在高校育人中发挥着举足轻重的关键作用,在其开展与建设过程中渗透着重要的思想、价值及观念,对大学生理想信念、价值取向、道德培育产生重要影响。营造一个良好的校园文化氛围既是社会主义核心价值观培育的内在需要,同时通过打造健康积极的校园物质文化、制度文化、行为文化与心态文化,创建和谐美丽的校园文化氛围,为社会主义核心价值观的培育提供良好的传播环境。习近平总书记说"一所高校的校风和学风,犹如阳光和空气决定万物生长一样,直接影响着学生学习成长。好的校风和学风,能够为学生学习成长营造好气候,创造好生态,思想政治工作就能润物无声给学生以人生启迪、智慧光芒、精神力量。教师要精心从教、学生要精心学习,通过学问提升境界,通过读书学习升华气质,以学养人、治心养性。学习是学生的主要任务,学习过程也是学生锤炼心志的过程,学生的不少品行要在学习中形成。好校风、好学风来自师生共同努力,而其基础在于学校办学方向和治理水平。"[①]

(一) 抓好精神文化,突出引领作用

一是加强思想建设,占领思想阵地。坚持把思想政治建设放在首位,不断巩固马克思主义在意识形态领域的指导地位,用科学、发展的理论和文化占领学校的思想阵地,引导师生员工践行社会主义核心价值观。二是内化办学理念,倡导师生共识共行。以社会主义核心价值观为引领凝练学校办学宗旨、办学定位、校训,开展全校性办学宗旨、定位、校风、学风、教风思想讨论、交流活动,充分发挥师生

---

① 侠客岛.关于教育,这是习近平的最新思考[N].光明日报,2017-01-03(1).

继承和弘扬学校精神的主体作用,在讨论、交流、学习中丰富学校精神的内涵,使校园精神成为全校师生员工共同追求的价值取向与愿景目标。三是标准引导,考评激励。引导教师示范践行社会主义核心价值观,提升职业道德;以建立与规范、标准相对应的检查与考评办法,将考评结果量化并用于教师职称晋升、岗位聘用、评优评先中,师德建设坚持"一票否决制",通过建立考评结果与教师的切身利益挂钩的机制,激励教师规范职业道德,做到身正为师。四是榜样引领,示范推进。大力选树各类教书育人、管理育人和品学兼优典型,开展优秀典型宣传和优秀学生事迹报告会。用优秀学生自身成长、成才的有益经验、典型事例、顽强拼搏的精神影响、带动和激励广大学生;开展隆重的表彰活动,在师生中树立模范典型,为师生践行社会主义核心价值观提供表率与示范。五是规范管理,协同推进,培养学生优良的学风。开展学生行为规范与校纪校规教育、新生适应教育、专业思想主题教育、考风考纪教育等系列主题教育活动,用制度和严格的管理强化学生的纪律观念,约束学生的不良行为,引导学生诚实守信,促进学生勤奋学习,养成良好的学习品质。六是加强校园媒体建设,牢牢把握校园文化阵地。校园媒体既包括校报、广播台、宣传栏等传统媒介,又包括以网络为代表的新兴媒体。校园媒体对核心价值观的传播起至关重要的作用,能使大学生在耳濡目染中习得社会主义核心价值观。校报、校园网等媒介可以在栏目设计与策划中加入社会核心价值观模块,大学生在欣赏自己感兴趣的栏目时,也可以在潜移默化中了解并践行社会主义核心价值观。建设好体现学校特色的校园门户网站,围绕学校中心工作,按照"贴近实际、贴近生活、贴近师生"的原则积极开展宣传,使其成为展示学校风貌、加强对外交流、开展宣传教育、活跃文化生活的重要载体;建设一支优秀的网络管理和宣传队伍,重视封堵不良信息,及时疏导网络舆情。加强校报、校刊、广播站、宣传栏、微信、微博等宣传媒介的建设与管理,规范条幅标语、宣传橱窗等宣传品的管理,注重文化熏陶。编印宣传材料,定期更新编印介绍学校总体情况的宣传册。

(二) 强化物质文化,展现育人氛围

校园物质文化是指校园硬件环境的配备与设置,是校园文化建设的重要组成部分和支撑。良好的物质文化是营造社会主义核心价值观氛围的必要前提,将显性思政教育与隐性思政教育相结合,是社会主义核心价值观培育的基础。

一是完善学校视觉识别系统。建立以学校标志、标准字体、标准色彩为核心展开的完整系统的视觉传达体系,规范学校品牌形象展示载体,具体包括校歌、校旗、校徽以及办公用品、文化宣传资料、师生工作服等。二是完善教学、文化设施和人文景观建设。结合学校办学定位、办学特色,对校园建筑、道路、景观进行命名,设置告示牌或牌匾,实现使用功能、审美功能和教育功能的和谐统一;完善学生文艺、体育、科技活动场所,为开展校园文化活动提供必要的场地和条件;优化教学场所的学习环境,完善寝室文化建设,营造良好的育人氛围。三是挖掘校史资料,发扬光大办学传统。重视对校史资料的挖掘整理,不断丰富校史馆的资料,开展新生参观校史馆活动,通过资料记载和实物展示,生动形象地反映学校办学历程,激励学生继承和弘扬学校优良传统;搜集取得突出成就的校友先进事迹,利用校史馆进行展示宣传。

(三) 规范制度文化,重视导向作用

任何一项规章制度都具有鲜明的价值取向,也发挥着重要的价值导向作用。校园制度文化是校园文化的内在运行机制,是学校正常教学秩序得以维持的重要保障。社会主义核心价值观是柔性的,而规章制度是刚性的。高校要建立和谐的制度文化,促进社会主义核心价值观培育的制度环境优化,健全社会主义核心价值观培育的运行机制、评价机制等,做到社会主义核心价值观培育过程中的"刚柔相济"。一是重视制度建设,做到有章可循。严格执行党委会、校长办公会、系部党政联席会议等议事规则,进一步提升科学决策水平;完善教代会制度,确保职工在学校重大决策问题上的知情权、参与权;充分发挥学术委员会、专家、教授在学术管理决策咨询方面的作用,激发学术管理的生机与活力;完善规范教师教学行为的制度体系,编印教师行为手册;完善学生管理制度体系,编印学生行为守则;建立完善与现代大学制度相适应的学术管理体系,编印学术管理制度汇编;建立完善校园文化宣传阵地管理制度体系,编印文化宣传阵地管理制度汇编;建立完善的校园文化宣传阵地管理、学生社团管理制度体系。二是大力开展制度宣传教育,提高制度的执行力。有意识地进行正面引导,形成良好的校园制度文化氛围,使校园人受到潜移默化的影响和熏陶,并最终成为制度的执行者和传播者;制度实施过程中力求做到"从严""求细",提高制度的执行力。

(四) 创新行为文化,强化示范作用

学校的一切行为运作都是通过有组织的活动和行为来实现的,校园行为是学校基于学校理念而在科学世界和生活世界中所从事的活动。学校行为文化建设是培养校内人员良好的行为习惯与文明风尚,推动社会主义核心价值观培育践行的重要动力,是实现知行统一的关键环节。

一是遴选优秀典型,规范仪式活动,激励师生奋发向上。大力推进"三自"教育,加强对学生基础文明行为的督查,引导学生从日常行为做起,从身边小事做起,提高文明素养;精心设计开学典礼、毕业典礼、各种颁奖仪式等具有特殊教育意义的活动,使活动办得隆重、热烈、简朴而富有特色,激励师生热爱学校、珍视荣誉、奋发向上、求实创新,展示师生的精神面貌。

二是打造具有学校特点的人文素质教育活动品牌。充分利用重大节庆日和纪念日,开展主题教育活动,唱响爱国主义、集体主义、社会主义主旋律;深入开展向雷锋和道德模范学习月,文明卫生执勤周,"创建文明校园、文明班级、文明宿舍,做文明大学生"等道德实践

活动,引导学生从一言一行做起,养成文明行为,培养良好的道德情操;深入开展安全教育宣传周、心理健康宣传周活动,强化学生安全意识、健康心理的养成实践;办好校园素质文化讲坛、文化艺术节、寝室文化节等活动,使学生在活动中思想感情得到熏陶、精神生活得到充实、道德境界得到升华;开展校园体育活动,增强学生体质,培养集体主义精神及团队合作意识。

三是探索职业素质养成教育,打造具有行业特色的校园文化活动品牌。发挥专业教师的作用,进一步强化课堂教学过程中学生职业素质养成教育;建设"校中厂""厂中校"的育人环境,使学生接受职业环境的熏陶;邀请行业专家进行"企业文化校园行"和"感受行业美"为主题的专题讲座,邀请优秀校友回校交流,利用实习实训等环节,加强学生对职业和职业素质要求的认知;围绕扎根基层就业创业主题,开展情景剧、话剧等学生创作展演活动,教育引导学生扎根基层,奉献青春;开展基层实践月,举办"小发明、小革新、小创造"、职业技能竞赛、职业生涯规划大赛,提高学生的职业认知,培育学生的职业素养。

(五)重视学术文化,扩大学术影响力

高校校园文化建设要弘扬崇尚科学、探索真理、注重创新、奉献社会的科学精神,号召广大师生恪守"遵守学术规范、坚守学术诚信、完善学术人格、维护学术尊严"的学术道德,自觉成为优良学术道德的践行者和良好学术风气的维护者。

一是营造学术氛围。聘请境(校)外专家、组织校内专家开展学术讲座、交流,有计划地聘请国内外专家、外籍教师及文化团体来校讲学、交流、参观、访问;有计划地安排教师出国进修、访问,参加国内外学术交流与合作,提升学校学术整体水平;践行以学术委员会为核心的学术管理体系;完善并严格实施系列教科研管理等制度,充分调动专业技术人员开展科学研究的积极性。

二是凝练学术品牌。加大资源整合力度,推进传统学科专业转

型和新兴学科专业生长,形成若干个特色学科专业群。逐步培育一批新的优势学科、特色专业,不断扩大学术影响力。

三是坚守学术道德。倡导学术自律,恪守学术道德,维护学术尊严,珍爱学术声誉,遵守学术规范,鼓励学术争鸣,形成良好的学术导向,强化知识产权保护意识;完善并严格实施学术不端行为的查处制度。

第七章 高职高专院校大学生社会主义核心价值观培育的原则及机制

第一节 高职高专院校大学生社会主义核心价值观培育的原则

一、坚持以人为本，促进全面发展，尊重学生主体地位的原则

习近平同志在中国共产党第十九次全国代表大会上的报告《决胜全面建成小康社会 夺取新时代中国特色社会主义伟大胜利》中四次提及人的"全面发展"，在提到我国社会主要矛盾的变化时，指出"我们要在继续推动发展的基础上，着力解决好发展不平衡不充分问题，大力提升发展质量和效益，更好满足人民在经济、政治、文化、社会、生态等方面日益增长的需要，更好推动人的全面发展、社会全面进步。"在提到新时代中国特色社会主义思想时指出"明确新时代我国社会主要矛盾是人民日益增长的美好生活需要和不平衡不充分的发展之间的矛盾，必须坚持以人民为中心的发展思想，不断促进人的全面发展、全体人民共同富裕"；在提到要坚持发展中保障和改善民生时指出"增进民生福祉是发展的根本目的。必须多谋民生之利、多解民生之忧，在发展中补齐民生短板、促进社会公平正义，在幼有所

育、学有所教、劳有所得、病有所医、老有所养、住有所居、弱有所扶上不断取得新进展,深入开展脱贫攻坚,保证全体人民在共建共享发展中有更多获得感,不断促进人的全面发展、全体人民共同富裕。"在优先发展教育事业时指出"要全面贯彻党的教育方针,落实立德树人根本任务,发展素质教育,推进教育公平,培养德智体美全面发展的社会主义建设者和接班人。"人是社会实践的主体,既被现实社会所塑造,又在推动社会进步中实现自身发展。建设什么样的社会、实现什么样的目标,人是决定性因素。党的十九大报告对"全面发展"的四次强调,指明了促进人的全面发展是社会进步、改善民生、发展教育的终极目标,对于社会主义核心价值观培育而言,指明了价值观建设的根本,"培养担当民族复兴大任的时代新人"应该是全面发展的人。

马克思明确提出,未来的共产主义社会是"以每个人的全面而自由的发展为基本原则的社会形式。"[①]马克思主义认为,实现人的全面发展是一个不断提高、不断完善的历史过程,这一过程总会不断出现新情况、新问题,社会主义核心价值观就是马克思主义最高价值观"人的全面自由发展"在新时代的集中表达,二者是相互促进、共同发展和共同延存的相辅相成、辩证统一的关系。首先,二者的终极目标是一致的,社会主义核心价值观的"三个倡导"24个字的最终落脚点是服务于人的全面发展;其次,人的全面发展为社会主义核心价值观提供理论依据,为社会主义核心价值观培育与践行指明方向;再者,社会主义核心价值观的内在机制为人的全面发展提供精神支持,社会主义核心价值观教育是当今中国实现人的全面发展的重要途径。

马克思主义经典作家从五个方面科学阐释了作为个体的"人的

[①] 中共中央马克思恩格斯列宁斯大林著作编译局.马克思恩格斯选集:第1卷[M].北京:人民出版社,1995:294.

全面发展"。其一是个人能力全面发展。这是人的全面发展的核心,主要表现为人的体力和智力的全面发展。二是人的个性充分展现。主要体现在人的志向、兴趣的充分展现。三是人的社会关系充分发展。主要表现为人的经济关系、政治关系和人际关系的充分发展。四是人的需要充分发展与实现。包括物质层面的需要和精神层面的需要,它是推动人的全面发展的原动力。五是人的价值全面实现。主要表现为人在各类社会关系中的价值得到实现,它是人的全面发展的重要内容和重要标志之一。高校作为培养大学生的基地,应坚持以人为本,积极探求大学生社会主义核心价值观的培育与践行的有效途径,促进大学生的自由全面发展。大学生群体中培育和践行社会主义核心价值观,必须以促进大学生的全面发展为根本方向和最高目标。在培育和践行社会主义核心价值观的实践中,需要以学生为主体,充分调动和发挥学生的主体性、积极性,并立足学生实际,实事求是开展培育。

二、坚持理想信念为核心,铸牢精神支柱,重视"三观"建设的原则

理想信念是一个国家治国理政的旗帜,是一个民族奋力前行的向导,是一个国家蓬勃发展的保障,是一个人不停前进的动力,是加强思想道德建设的首要任务,是牢牢掌握意识形态工作领导权的关键因素。习近平总书记给华中农业大学"本禹志愿服务队"回信指出:"历史和现实都告诉我们,青年一代有理想、有担当,国家就有前途,民族就有希望,实现中华民族伟大复兴就有源源不断的强大力量。"理想信念是精神之"钙",关乎青年学子的健康成长。

习近平总书记强调,青年的价值取向决定了未来整个社会的价值取向,而青年又处在价值观形成和确立的时期,抓好这一时期的价值观养成十分重要。这就像穿衣服扣扣子一样,如果第一粒扣子扣错了,剩余的扣子都会扣错。人生的扣子从一开始就要扣好。在对

大学生进行社会主义核心价值观培育时，要以坚定的社会主义理想信念为引领，筑牢精神支柱，引导学生扣好第一粒扣子。指导学生坚定道路自信、理论自信、制度自信、文化自信，坚持由易到难、由近及远，努力把社会主义核心价值观的要求变成日常的行为准则，进而形成身体力行、自觉奉行的信念。

三、坚持理论联系实际，具体问题具体分析，做到"三贴近"的原则

"理论联系实际"是对马克思主义普遍真理同中国革命和建设的具体实践相结合原则的概括表述，是马克思主义最基本的原则之一。其基本精神是达到主观和客观、理论和实践、知和行的具体的历史的统一。理论联系实际，是关系到社会主义核心价值观培育和践行能否落地生根、开花结果的关键要素。理论联系实际，一要尊重时代实际，立足当前的世情、国情、党情，结合时代特点和时代问题，答疑解惑，正面引导培育；二是要尊重区域实际，立足省情、市情、校情，立足区域经济特点、学校办学宗旨、办学定位；三是要尊重群体实际，深入了解群体年龄特征、心理特点、需求现状；四是要尊重个体实际。将群体进行细分，尊重个体存在、个体需求、个体区别，认知个体间的差异性，了解不同环境中成长的个体诉求。

习近平总书记强调，要使核心价值观的影响像空气一样无所不在、无时不有。培育和践行社会主义核心价值观，要与人们日常生活紧密联系起来，使人们在实践中感知它、领悟它，达到"百姓日用而不知"的程度，使之成为人们日常工作生活的基本准则。作为高职高专院校的教育工作者，在社会主义核心价值观培育与践行工作中，需要科学分析当代高职高专学子的现实状况与精神诉求，需要深入掌握95后高职高专学子群体的思想现状、认知程度、心理特点、性格特征、兴趣爱好、个性特长、学习能力。在此基础上，个性化精细化深入了解特殊学子的家庭出身、接受能力、自身经历以及道德水平层次的

实际情况,以社会主义核心价值观培育为导向与目标,抓住本质突出核心,深入实际活跃方法,以身作则,重视潜移默化,在有目的有方法地引导学生对多元化的价值观作出科学判断和理性选择以及促进学生树立、践行社会主义核心价值观上发挥自己的作用。

在语言风格上,要多用简明易懂、形象生动的话语,多用大学生听得惯、听得懂、听得进的话语,使社会主义核心价值观的宣传教育简单质朴、富有亲和力;在育人手段上,要用具体平实的方式来解读核心价值观的深刻内涵,用身边可感、可触、可摸的真人真事诠释核心价值观的精神实质,用鲜活生动的形象展示核心价值观的内在要求,使社会主义核心价值观的宣传教育鲜活真实、富有感染力;在宣传载体上,要顺应信息化时代发展的新趋势和大学生信息传播接受的新习惯,主动占领网络思想政治教育新阵地,拓展社会主义核心价值观宣传教育新载体,使社会主义核心价值观的培育践行富有新活力。以多元化的形式汇聚到集体的社会主义核心价值观培育中去,既尊重整体特点,又尊重个体差异,立足个体诉求,唯有此,社会主义核心价值观方能深入人心、取得实效。

四、坚持与时俱进,不断创新,做到喜闻乐见,增强"三力"的原则

中共十八届五中全会明确了"创新、协调、绿色、开放、共享"五大发展理念。"创新"居首位,创新是一个民族进步的灵魂,一个国家发展的不竭动力,一个政党永葆青春的法宝,是推动一个国家、一个民族向前发展的重要力量,是引领发展的第一动力,必须把创新摆在国家发展全局的核心位置。党的十八大以来,习近平总书记高度重视创新驱动发展,在习近平总书记的公开讲话和报道中,"创新"一词出现超过千次,可见其受重视的程度。2013年10月21日,在欧美同学会成立一百周年庆祝大会上讲话时,习近平总书记强调:"创新是一个民族进步的灵魂,是一个国家兴旺发达的不竭动力,也是中华民族

最深沉的民族禀赋。在激烈的国际竞争中,惟创新者进,惟创新者强,惟创新者胜。"2016年12月7日至8日,习近平总书记在召开的全国高校思想政治工作会议上发表重要讲话时强调:"做好高校思想政治工作,要因事而化、因时而进、因势而新。要遵循思想政治工作规律,遵循教书育人规律,遵循学生成长规律,不断提高工作能力和水平。"

从社会主核心价值观的发展历程可以看出,社会主义核心价值观实现了马克思主义中国化与大众化的有机统一,实现了社会多元价值的价值引领,实现了对社会主义意识形态的高度概括与理论升华,是中国共产党对我国社会主义建设规律认识不断深化的重要理论创新成果。社会主义核心价值观就是立足中国实际、中国实践进行创新的最好体现,也是创新价值的最好体现,没有创新精神,就不会有社会主义核心价值观。社会主义核心价值观培育与践行必须与"创新"同体,唯有创新才能不断丰富培育与践行的形式、平台、路径,唯有创新才能跟上时代的步伐,掌握培育与践行动态变化中需要解决的种种问题,创新是直接关系到能否取得培育与践行实效的关键要素。

第二节 高职高专院校大学生社会主义核心价值观培育的机制

社会主义核心价值观培育是关系高校社会主义意识形态领导权、管理权和话语权掌握在谁手中的大事,是确保国家政治安全和意识形态安全的重要工作,是落实"四个全面"战略布局的关键因素。积极培育和践行社会主义核心价值观,是党的十八大、党的十九大提出的重要战略任务。社会主义核心价值观建设,是为国家立心、为民族铸魂的工作,是凝魂聚气、强基固本的基础工程,构建行之有效的运行机制,是保障社会主义核心价值观培育取得实效的关键之一。

一、完善制度保障机制

制度是一个社会组织或团体中要求其成员共同遵守并按一定程序办事的规程,具有规范性、约束力和一定的强制力。制度的制定既可以为大学生社会主义核心价值观的培育提供刚性保障,指引方向,促进大学生社会主义核心价值观培育工作具体落实,也可以将培育过程中的成果固化,将培育与制度建设相辅相成,实现管理育人和制度育人。把制度提倡与制度的"硬"约束结合起来,通过创新各项制度管理机制,不断强化教育,帮助大学生正确理解价值准则与道德规范、社会义务与社会责任,形成大学生良好的判断能力,并逐步转化为稳定的价值选择,成为学生的自觉行为。

一是要从培育者角度出发,科学制定大学生社会主义核心价值观培育工作制度体系。首先要完善队伍建设,建立学校党委负责,学生工作主管部门主抓,高校思想政治理论课教师和学生工作干部协同合作的教育队伍;其次要完善宣传、教育、评价、监督、奖惩、实践等具体制度,并在制度建设的过程中注重制度体系的科学化和系统化;第三,要注重完善社会主义核心价值观培育的长效机制,以科学化、系统化、常态化的责任机制、监督机制、激励机制来充分保障在校大学生社会主义核心价值观培育和践行工作的持续、稳定、扎实推进。

二是从受培育者角度出发,科学制定大学生行为规范。大学生行为规范是在校大学生日常的基本行为准则,是大学生在校期间各种基本行为准则。将社会主义核心价值观转化为具体的、可操作的行为规范,久而久之,就能将规范的制度化外在约束内化为自身的道德自律和道德品性。将社会主义核心价值观融入到《学生手册》等大学生日常行为规范的设计中,并在设计过程中充分考虑大学生群体特点,使在校大学生在遵守行为规范潜移默化的过程中培育和践行社会主义核心价值观。通过建立和规范一些礼仪制度,开展有庄严感的典礼,如升国旗仪式、入党仪式、毕业典礼等,同时利用重大纪念日、祭奠日、民族传统节日等开展有教育意义的纪念活动,通过这些有效载体弘扬主流价值观念,传递社会正能量。

在校大学生培育和践行社会主义核心价值观离不开制度的有力保障,只有在完善的制度保障下,在校大学生社会主义核心价值观的培育和践行工作才能持之以恒。高校培育和践行社会主义核心价值观要在尊重价值观形成、发展客观规律的基础上,深入研究和设计培育和践行社会主义核心价值观的战略思路、集体路径和执行方法,从教育者和受教育者两个方面出发进行制度设计,将社会主义核心价值观渗透到学校师生的现实生活和一言一行,并通过实践的路径使其现代化。

二、实行考核激励机制

客观合理的考核激励机制是培育社会主义核心价值观的内在要求,是推动社会主义核心价值观培育健康发展的有效手段。考核作为一种手段,要在高校、学生个体与社会的共同参与下,为大学生建立起社会社会主义核心价值观培育档案记录袋,形成全方位的动态考核体系。各考核主体及时了解学生的思想行为动态,为社会主义核心价值观培育做好充分的信息准备工作。然而,如果只是考核而缺乏激励机制,那么考核的效果也并不明显。所以,考核只有在相应的激励机制的配合下,才能更好地体现自身价值。高校联合社会力量着力建立一套理性化的激励机制,对积极参与核心价值观培育的大学生进行综合考评,给予肯定和赞赏,以此引领更多大学生群体积极学习和践行社会主义核心价值观。

三、健全示范引领机制

榜样的力量是无穷的。这些年,重大典型、道德楷模、最美人物、

第七章　高职高专院校大学生社会主义核心价值观培育的原则及机制

身边好人等宣传产生了非常好的效果,尤其是中央电视台连续十多年开展的"感动中国人物年度评选"活动,在全社会产生了极大反响,形成了良好的社会影响。一个典型一个旗帜,一个典型一面镜子。示范引领就是在大学生社会主义核心价值观培育过程中发现、培育、选拔、树立、表彰各类先进典型个人或群体,传递典型正能量,发挥榜样激励效应,从而在校园内形成争先创优的新风潮,发挥社会主义核心价值观的吸引力和凝聚力,使每个在校大学生都能够深刻认识和理解社会主义核心价值观。

一是建立选树典型机制,围绕社会主义核心价值观培育目标,深入群众,深挖时代先锋、道德楷模、爱国敬业、创新创业的有时代正确导向意义的、促人上进、催人奋发的、突出的、有代表性的群体或个体。实现"让身边人讲身边事、身边事教身边人",营造学习先进、崇尚先进、争当先进的浓厚氛围。通过先进典型的感人事迹,把理论上抽象的24个字变成生活里有血有肉的鲜活故事,让广大师生对社会主义核心价值观产生直观而深刻的认识,从而拉近社会主义核心价值观与广大师生内在情感的距离。

二是建立宣传典型机制。以先进典型的事迹所体现出的崇高精神和优秀品质作为价值目标,开展比、学、赶、创,使典型的影响力转化为强大的精神动力。营造典型物质文化,以校史馆、雕塑、碑刻、事迹手册等实物形式将先进典型事迹进行展示;营造典型宣传精神文化,根据典型事迹进行文学作品创作,如编排话剧,对英模事迹所体现的崇高精神、品德及其价值进行歌颂;营造典型宣传制度文化,建立先进典型评比、宣传、学习制度,如雷锋纪念日、全国道德模范评选表彰制度、"感动中国"人物评选制度、校园十佳评比等。教育在校大学生在学习典型的过程中立足自身,注重言行,着眼养成,把社会主义核心价值观渗透到日常的学习、工作、生活中,从小事做起,从点滴做起,努力做社会主义核心价值观的模范践行者。在宣传途径上,坚持传统媒体与新兴媒体相结合,加大网络宣传力度,形成传统媒体与新兴媒体互动并宣传典型的格局,扩大典型宣传的渗透力、影响力。

四、建立协同联动机制

大学生社会主义核心价值观培育是一项长期而艰巨的任务,是一项整体性、系统性工程,构建共同支持、全员参与的联动机制是培育社会主义核心价值观的内在要求,需要校内外一盘棋,总体规划,统筹兼顾,方可有效推进大学生社会主义核心价值观培育工作。学校应建立统一的社会主义核心价值观教育的部门联动机制,抓好顶层设计和总体规划,明确运行流程,健全育人网络,大力联合校内外力量,广泛开拓多种途径,把社会主义核心价值观教育贯穿于学校的教学、科研、管理和服务等各个育人环节,为大学生价值观培育搭建一套稳定有序的保障机制。

一是要大力推进传统媒体和新兴媒体协同发展,尽快从相"加"阶段迈向相"融"阶段,从"你是你、我是我"变成"你中有我、我中有你",进而变成"你就是我、我就是你",着力打造一批新型主流媒体和传播载体,以内容优势赢得发展优势,不断增强传播力、引导力、影响力、公信力。

二是学校、家庭、社会形成教育协同。学校是社会主义核心价值观培育与践行的主阵地、主渠道,是大学生社会主义核心价值观培育的排头兵。家庭是社会的细胞,是最基础的教育单元,家庭教育是人生教育的起始点。家风、家训是无形的文化载体,对个人成长产生润物无声的影响,家庭教育对于个人性格和品格的形成产生重要的影响。社会教育是家庭教育和学校教育的补充,任何人都要在社会这所大学里接受教育,社会教育在人的成长中处于重要地位,为人的全面发展提供丰富的养分。首先,学校教育和家庭教育结合起来,畅通学校家庭沟通机制,在社会主义核心价值观培育中争取家庭的支持与肯定;其次,学校教育和社会教育要结合起来。充分利用"厂中校"

"校中厂"、行业文化进校园、大学生社会实践等途径,充分发挥社会教育在大学生核心价值观教育中的优势,让大学生在社会实践中得到锻炼,同时在社会实践中受到教育。在开展社会实践、专业实践、选人用人时将社会主义核心价值观的践行作为重要内容进行凸显,将社会主义核心价值观的践行情况进行量化,作为社会表彰、单位选人用人的重要指标。

三是思政课程与课程思政相结合。高校思想政治理论课的教育要坚持以人为本、德育为先。在高校思想政治教育中,要把社会主义核心价值观融入到思想政治理论课教学之中,使大学生对社会主义核心价值观的内涵有了更深入的理解和把握,使思想政治理论课真正成为大学生社会主义核心价值观教育的主阵地和主渠道,实现社会主义核心价值观进课堂、进头脑、进灵魂,思想政治理论课真正起到提升大学生价值观念和道德水平的作用。

同时,所有教师都应该积极承担社会主义核心价值观培育的职责,让社会主义核心价值观渗透到每门课程的教学中。所有课都上出"思政味",所有老师都挑起"思政担",构建全员、全课程的大思政教育体系,将专人作战转向人人作战。2014年9月9日,习近平同北京师范大学师生代表座谈时指出要做有理想信念的好老师,他指出:陶行知先生说,教师是"千教万教,教人求真",学生是"千学万学,学做真人"。唐代韩愈说:"师者,所以传道授业解惑也","传道"是第一位的。一个老师,如果只知道"授业""解惑"而不"传道",不能说这个老师是完全称职的,充其量只能是"经师""句读之师",而非"人师"了。古人云:"经师易求,人师难得。"一个优秀的老师,应该是"经师"和"人师"的统一,既要精于"授业""解惑",又要以"传道"为责任和使命。好老师心中要有国家和民族,要明确意识到肩负的国家使命和社会责任。我们的教育是为人民服务、为中国特色社会主义服务、为改革开放和社会主义现代化建设服务的,党和人民需要培养的是社会主义事业的建设者和接班人。好老师的理想信念应该以这一要求为基准。校领导、各职能部门负责人、各系部部门负责人、思想政治理论课教师、辅导员、专业课教师、管理人员等都要努力自觉提高政治理论素养,各司其职,用自己的行动倡导社会主义核心价值观,用自己的学识、阅历、经验点燃学生对真善美的向往,使社会主义核心价值观润物细无声地浸润学生们的心田,转化为日常行为,增强学生的价值判断能力、价值选择能力、价值塑造能力,引领学生健康成长。

结　语

　　习近平总书记在十九大报告《决胜全面建成小康社会　夺取新时代中国特色社会主义伟大胜利》中倡导"青年兴则国家兴,青年强则国家强。青年一代有理想、有本领、有担当,国家就有前途,民族就有希望。中国梦是历史的、现实的,也是未来的;是我们这一代的,更是青年一代的。中华民族伟大复兴的中国梦终将在一代代青年的接力奋斗中变为现实。全党要关心和爱护青年,为他们实现人生出彩搭建舞台。"

　　"培养担当民族复兴大任的时代新人"是"两个一百年"奋斗目标和中华民族伟大复兴中国梦实现的关键。源源不断的人才资源是我国在激烈的国际竞争中的重要潜在力量和后发优势。"核心价值观承载民族和国家的精神追求,是社会评判是非曲直的标准。一个民族、一个国家,只有坚持自己的核心价值观,才可以前进下去;一个民族、一个国家,如果失去了自己的核心价值观,就会丧失前进方向。"当前我们正处于改革攻坚时期,多元化是我们这个时代的鲜明特征。在价值多元的时代,社会主义核心价值观的培育和践行尤为重要。特别是"时代新人",他们的世界观、人生观和价值观正处于定型期,亟须社会主义核心价值观的引领。党的十八大、党的十九大和十八届三中全会将"积极培育和践行社会主义核心价值观"列为重要战略任务。培育和践行社会主义核心价值观关乎个人发展、社会和谐、民族复兴和国家富强。大学生作为国家的未来和民族的希望,其培育和践行社会主义核心价值观的状况,对于大学生个人和中国特色社会主义事业都具有极其重要的意义,培育、践行社会主义核心价值观是当前大学生思想政治教育工作面临的一项重要任务。

后　记

　　在以市场化为趋向的社会改革逐步深入以及数千年中国传统文化价值体系和社会主义道德价值观取向受到强势冲击的情况下，价值观塑造正面临着东方与西方、主流与非主流、传统与现代的冲突。高职高专院校大学生社会主义核心价值观培育与践行研究是青年思想政治教育的重要组成部分，是我国高校价值观教育培养的需要，是高校社会主义核心价值观培育践行的重要补充，有助于我们正确认识和把握高职高专大学生核心价值观的现状，探讨高职高专大学生核心价值观的基本内容、形成原因，揭示高职高专大学生核心价值观形成发展变化的规律及其教育培养的规律，可以充分发挥高等教育，特别是高校思想政治教育在化解大学生价值观冲突中的作用，是关乎学生健康成长与持续发展，关乎社会主义教育事业顺利发展的关键问题。

　　本书以社会主义核心价值观培育理论为基础，以高职高专院校大学生为对象，以近年来价值观调查结果为素材，以省内五所院校已有培育实践为积累，基于四年来的实践操作，在实践上通过学习—调查—实践—跟进学习—更新调查—改进实践的反复环节，实现培育途径上的持续探索与反复试验。本着研究总结、问题剖析、经验推广的目的探索最优路径与长效机制，以实现高职高专院校大学生社会主义核心价值观培育与践行资源共同分享、问题共同面对、育人共同提升的局面和最终目标。

　　由于水平有限，书中疏漏、不足之处，敬请专家、学者们批评指正，多提宝贵意见。对书中所引文献资料，本人向各位作者致以诚挚的谢意！

参考文献

[1] 本书编写组.党的十九大报告辅导读本[M].北京:人民出版社,2017.

[2] 本书编写组.中国共产党第十九次全国代表大会文件汇编[M].北京:人民出版社,2017.

[3] 国务院新闻办公室会同中共中央文献研究室,中国外文局.习近平谈治国理政[M].北京:外文出版社,2014.

[4] 韩震.社会主义核心价值观五讲[M].北京:人民出版社,2012.

[5] 杨业华.当代中国大学生核心价值观研究[M].北京:人民出版社,2011.

[6] 郭建宁.社会主义核心价值观基本内容释义[M].北京:人民出版社,2014.

[7] 曲风.社会主义核心价值观学习读本[M].北京:国家行政学院出版社,2014.

[8] 麦可思研究院.中国高等职业教育质量年度报告[M].北京:高等教育出版社,2016.

[9] 本书编写组.培育和践行社会主义核心价值观[M].北京:新华出版社,2014.

[10]《新周刊》杂志社.《新周刊》2015年度佳作·相信力[M].桂林:漓江出版社,2016.

[11] 黄坤明.培育和践行社会主义核心价值观[N].人民日报,2017-11-17(6).

[12] 郭朝辉.大学生社会主义核心价值观的培育与践行研究[D].北京:中国矿业大学,2015.

[13] 刘峥.大学生认同与践行社会主义核心价值观研究[D].长沙:中南大学,2012.

[14] 梅睿.大学生社会主义核心价值观培育路径研究[D].重庆:西南大学,2015.

[15] 费梦琼.微文化时代大学生社会主义核心价值观培育问题研究[D].武汉:湖北工业大学,2016.

[16] 徐岩.在校大学生社会主义核心价值观培育和践行研究[D].青岛:青岛理工大学,2015.

[17] 周慧敏."90后"大学生社会主义核心价值观的培育和践行研究[D].郑州:郑州大学,2015.

[18] 蔡婉琴.隐性教育在大学生社会主义核心价值观培育中的应用研究[D].上海:华东师范大学,2016.

[19] 张会军.大学生践行社会主义核心价值观的路径探讨[J].思想政治教育研究,2014(3):64-66.

[20] 张波,邓卓明,邹莉.意识形态话语权:大学生社会主义核心价值观培育的挑战及路径[J].思想教育研究,2015(1):36-39.

[21] 刘川生.在大学生中培育和践行社会主义核心价值观为实现伟大"中国梦"提供重要思想支撑[J].思想教育研究,2013(6):8-13.

[22] 王蓉霞.工匠精神融入高校思想政治教育的实践探索[J].学校党建与思想教育,2017(12):56-58.

[23] 陈静娴.立足核心价值观推进大学生创业价值观教育[J].学理论,2017(4):174-176.

[24] 段海超,蒲清平,王振.论高校创新创业教育的价值导向——基于社会主义核心价值观个人层面的思考[J].学校党建与思想教育,2016(17):74-77.

[25] 李涛,侯倩.论高校创业教育与社会主义核心价值观教育的融合[J].继续教育研究,2017(4):15-19.

[26] 胡吉芬,陈谨,王劲松.大学生创新创业素质认证体系的研究与构建、保障与推进[J].湖北函授大学学报,2017,30(9):1-2.

[27] 胡吉芬,黄碧玉,戴崇.微途径教育引导助力解决基层医疗人才匮乏问题的探讨[J].长江大学学报(自科版),2016,13(24):84-85.

[28] 胡吉芬,金川.医学高职高专院校学生价值观现状调查与分析[J].安徽卫生职业技术学院学报,2016,15(2):155-157.

[29] 胡吉芬.基于多元智能理论、多主体联合、多维途径运作的大学生综合素质认证体系的研究与构建[J].河北联合大学学报(医学版),2015(4):71-72.

[30] 胡吉芬.高校新生价值观现状调查与分析——以安徽医学高等专科学校

2012级、2013级新生为例[J].高校辅导员学刊,2014(2):4-8.

[31] 胡吉芬.科学发展观视域下高职院校素质教育讲坛建设[J].辽宁医学院学报(社会科学版),2013,11(3):105-107.

[32] 胡吉芬.大学生职业生涯辅导的精细化个性化研究[J].齐齐哈尔医学院学报,2012,33(14):1926-1927.

[33] 胡吉芬.专科护生职业生涯规划教育的调查与研究[J].中国医学伦理学,2009,22(1):105-107.